LE BRUIT
DES SECRETS

© Charleston, une marque des éditions Leduc, 2022
10, place des Cinq-Martyrs-du-Lycée-Buffon
75015 Paris – France
www.editionscharleston.fr

ISBN : 978-2-36812-819-0
Maquette : Patrick Leleux PAO

Charleston s'engage pour une fabrication écoresponsable !
Amoureux des livres, nous sommes soucieux de l'impact
de notre passion et choisissons nos imprimeurs avec la plus
grande attention pour que nos ouvrages soient imprimés sur
du papier issu de forêts gérées durablement.

Pour suivre notre actualité, rejoignez-nous sur Facebook
(Editions.Charleston), sur Twitter (@LillyCharleston) et sur
Instagram (@LillyCharleston).

Éliette Abécassis, Camille Anseaume,
Sarah Barukh, Jessica Cymerman,
Mélissa Da Costa, Olivia Elkaim,
Sandrine Roudeix, Agathe Ruga

LE BRUIT
DES SECRETS

Nouvelles

CHARLESTON
POCHE

Sommaire

LE SECRET DE LA FILLE AUX YEUX BANDÉS

Éliette Abécassis

Il y a quelques années, je suis allée au Salon de l'agriculture à Paris sur le stand strasbourgeois : une forme de pèlerinage pour moi qui suis née dans cette ville. Un conférencier faisait un discours sur un philosophe de cette région que je connais bien. Il parlait d'une certaine communauté d'intellectuels qui s'était développée à l'après-guerre, dans le sillage du philosophe Jacques Derrida. C'est à la fin de son exposé, en apercevant un poster de la cathédrale affiché sur le stand devant moi, que j'ai soudain été prise d'un malaise. J'avais du mal à respirer, je suis sortie du Parc des expositions, porte de Versailles, en proie à une attaque de panique, et j'ai pris mes jambes à mon cou.

Cela faisait longtemps que je n'avais pas revu ma ville natale. C'est là que je suis née, à l'hôpital

Adassa, par un mois de janvier enneigé ; c'est là que j'ai grandi, non loin du jardin du Contades, où ma mère m'emmenait dans ma poussette, puis au bac à sable, et plus tard, faire du vélo lorsque j'étais enfant. C'est là que je suis allée à l'école Saint-Jean au primaire, puis au collège Foch, avant de fréquenter le lycée Aquiba. C'est là que j'ai rencontré mes amies d'enfance, Laurence, Véronique, Nathalie et Heike, qui était allemande. Dans les forêts des Vosges, je marchais tous les dimanches avec mes parents, et j'y ai campé avec les scouts. À Dorlisheim, Herrlisheim, Eckbolsheim, Schiltigheim, je me suis aventurée les dimanches pluvieux d'automne, et ceux, froids, d'hiver, les jours lumineux du printemps et les longues semaines étouffantes d'été.

Mes parents sont arrivés en Alsace après la guerre, depuis le Maroc, pendant la décolonisation et après la montée de l'hostilité contre les juifs au Maghreb, comme en ont témoigné les massacres de la ville de Petitjean en 1954, un traumatisme pour ceux qui ont préféré quitter le pays. Ils ont choisi la France, qu'ils aimaient plus que tout. En dehors de Paris pour leur voyage de noces, ils n'étaient jamais allés dans ce pays chimérique dont ils connaissaient si bien la culture, dont ils citaient les auteurs par cœur, les anciens et les nouveaux. Alors, ils ont emporté leurs tapis, quelques meubles et leurs souvenirs, ont mangé des choucroutes casher et des tartes aux pommes, ont acheté des armoires alsaciennes, se sont liés d'amitié avec les Strasbourgeois. Ils allaient à la Synagogue, reconstruite après la guerre, car elle avait été détruite par les nazis.

L'enfance en Alsace fut pour moi constituée de ce curieux mélange qui consistait à vivre sur la frontière allemande, avec des gens qui parlaient alsacien, et en même temps au sein de l'héritage séfarade à travers mes parents, exilés et intégrés. Mon père a créé sa communauté autour des cours de Talmud qu'il a dispensés pendant qu'il était à Strasbourg. Il y a passé de nombreuses années à enseigner le judaïsme, à y faire la prière, et dans cette mission qu'il s'était donnée, certainement, il y avait quelque chose de l'ordre de la renaissance de cette Terre dévastée après la guerre.

Lorsqu'il est arrivé, il était surveillant au lycée, puis il est devenu professeur et a écrit sa thèse pour obtenir un poste à l'université. Sa passion et son engagement étaient visibles tout au long de l'année, qu'il pleuve, qu'il vente ou qu'il neige, qu'il soit en bonne santé ou qu'il soit grippé. Dans le froid ou la chaleur, sur les bancs de l'école ou ceux de la Synagogue, chez lui, à table, la nuit, le jour, le matin, l'après-midi, il enseignait, il étudiait. Mais hélas, il n'a jamais pu obtenir de poste en Alsace.

De Strasbourg, en général, on voit la cathédrale, comme à Paris la tour Eiffel. Elle domine la ville, et en particulier son centre, à côté de la Petite France, traversée par les bras de l'Ill. Par sa hauteur, elle offre une vision d'aigle jusqu'aux Ballons des Vosges, et au-dessous d'elle, à ses pieds, le peuple minuscule se presse près de l'ancienne maison Kammerzell à pans de bois, vers la Petite France historique et médiévale aux maisons à colombages et aux rues étroites bordées d'eau, jusqu'à l'écluse qui s'ouvre vers les plus larges bords du Rhin où les saules pleureurs se jettent pensivement. Femme de caractère et fille de la frontière, Strasbourg est une dame majestueuse et rebelle, qui clame son indépendance. Convoitée mais altière, elle forge son identité qui n'appartient qu'à elle. Protestante, veilleuse du Seigneur, elle garde ses lois envers et contre tous, jusqu'à faire fi de la République et pour la bonne cause : elle a gagné la bataille, par l'autorité et le charme, elle a grandi et elle est devenue majestueuse en se construisant pied à pied, un ici, un là-bas, entre Goethe et Vauban, les cafés aux croissants chauds et les winstubs, vins blancs et bières blondes. Entre la place Gutenberg et le palais Rohan, et plus française qu'allemande, et plus française que française, et plus alsacienne encore, avec cet inimitable accent, d'une force et d'une diction puissante, plus truculent que l'allemand, plus sonore que le français, car l'alsacien ne se parle pas, il s'exclame. Libre et aristocrate, cette madone qui en son sein généreux accueille toute l'Europe est mère de deux filles : deux statues de pierre sculptées sur l'un des côtés de la grande cathédrale, Ecclesia et Synagoga. Celle qui représente l'Église est souriante et rayonnante, celle qui incarne la Synagogue a les yeux bandés, la tête penchée et, par un mouvement latéral, elle se détourne de l'autre qui semble pourtant lui tendre la main : rebelle et soumise comme la communauté juive en Alsace, qui devait jadis quitter la ville lorsque l'on entendait sonner les cloches de la cathédrale, le soir, à 22 heures. Non loin de là se trouve la rue Brûlée où, lorsque j'étais enfant, nous allions nous promener. Nous regardions alors l'Église triomphante et la Synagogue aux yeux bandés.

Pourquoi ai-je l'impression d'un mystère, d'un secret lorsque je l'aperçois sur les photographies ? *Un mystère qui la concerne et qui me concerne.*

Les nuits qui ont suivi cette conférence sur la philosophie à Strasbourg, j'ai eu du mal à dormir. La fille aux yeux bandés m'apparaissait, effrayante et spectrale, et surtout la nuit – elle venait me hanter comme un fantôme blanc. Je me réveillais en sueur, elle était là, elle cherchait quelque chose à tâtons, elle avançait comme une somnambule dans la chambre, jusqu'à mon lit, pour m'étreindre et me figer dans son rêve de pierre, puis elle repartait, d'un mouvement de rejet. Qui était-elle ? Que voulait-elle ? Je sentais qu'elle avait un message à me délivrer, mais lequel ? Elle murmurait quelque chose en silence, un nom, un lieu peut-être ?

Qui est-elle, cette femme qui pour moi symbolise la ville, davantage encore que l'autre *La Belle Strasbourgeoise*, de la peinture célèbre du peintre Nicolas de Largillière ? Cette auguste dame nous offre son regard mélancolique, mélange de force et de douceur, de sagesse dans sa prestance, car elle est bourgeoise, la Strasbourgeoise : vêtue d'une robe sombre aux longues manches, de dentelle et de velours, et la tête surmontée d'un immense chapeau typique de la région, qui aime les grandes coiffes pour se protéger des rudes hivers, où l'on se réconforte de flammekueche, de baeckoffe, de kouglof et de pâtisseries fines, tartes aux quetsches et aux mirabelles. Je me souviens de ce ciel si bas et de ces tempêtes sonores, et des neiges qui faisaient disparaître les trottoirs lorsque j'étais enfant.

Ecclesia, la statue de l'Église, telle la belle Strasbourgeoise, porte un lourd vêtement, aux plis amples et élégants, un corset large, fier, libre et généreux, alors que Synagoga n'a qu'une robe sans prétention, serrée d'une corde, et ces yeux bandés comme une misérable qui s'en va. En faisant des recherches sur Google, je trouve un article d'un historien spécialiste d'art, Régis Labourdette : « L'empreinte de la Grâce dans l'Église et la Synagogue de Strasbourg[1]. » Selon cet auteur, le riche manteau que revêt l'Église symbolise la Grâce et l'illumination, dont la Synagogue, juste recouverte d'une robe simple, est dépourvue. Or, remarque-t-il à juste titre, la statue de la Synagogue, par son mouvement d'esquive, prise sur le vif, semble se détourner de la vérité qu'incarne l'Église et qu'elle l'invite pourtant à partager. La fille aux yeux bandés se retire et s'enfuit, se détourne de l'accueil de sa collègue triomphante : « La leçon que l'Église peut majestueusement accueillir, la Synagogue ne peut que la dénier, c'est ce qu'un voile devant ses yeux métaphorise cependant que, les Tables de la loi renversées, elle n'a même plus la maîtrise de ses propres écritures. *Grâce soit rendue à Dieu par Jésus-Christ notre Seigneur !* poursuit, en guise de solution, l'Épître aux Romains : c'est ce qu'entendent les chrétiens allégorisés en l'Église, c'est ce que la Synagogue ne sait comprendre. » Les deux statues représentent en effet les deux religions, l'une se séparant de l'autre, selon la

---

1. *Bulletin de l'Association Guillaume Budé,* année 1994, 425-452.

métaphore botanique ou messianique : les juifs n'ont pas reconnu le Christ et se sont détournés de lui. Ainsi Synagoga s'est-elle détournée d'Ecclesia. Mais n'est-ce pas l'inverse, d'un point de vue historique ? C'est plus Ecclesia qui s'est émancipée de Synagoga pour créer une nouvelle religion.

Ce commentaire me rappelle un texte de Jacques Derrida, qui a inspiré le collège philosophique strasbourgeois, et qui a également écrit sur la statue aux yeux bandés dans les actes d'un colloque qui s'intitule : « Penser à Strasbourg ». Strasbourg, pour lui, est « une métropole qui n'est pas n'importe laquelle en France et en Europe. Strasbourg est une expérience politique, nationale, européenne et transnationale ». Il reste marqué par le Parlement, dit-il, qui est un lieu de rassemblement de l'Europe.

En fait, étymologiquement, la Synagogue, c'est le lieu du *rassemblement,* l'endroit où l'on se retrouve. C'est la raison pour laquelle Derrida préfère la fille aux yeux bandés à sa compagne l'Église : « J'idolâtre cette idole, cette femme privée de vue et de voix, cette figure muette et douloureuse », écrit-il. Ce n'est pas de l'aveuglement, poursuit-il, car elle nous interroge. Et il pose *la* question : « Qu'est-ce que la vérité de la révélation, qu'est-ce que la vue et le dévoilement ? Qu'est-ce que cela veut dire "avoir les yeux bandés pour la pensée", et l'existence en général ? » Ce voile d'ignorance, en effet, dont est couvert le visage de la Synagogue, ne serait-il pas le principe même de la pensée ? Autrement dit : ne faut-il pas se détourner de la certitude pour penser ? Celui qui a reçu la Grâce est-il en train de réfléchir ?

Et dans cet article, je lis cette phrase qui me stupéfie : « La question juive résonne à Strasbourg de manière très singulière. »

Elle me stupéfie, car dans ce colloque, « Penser à Strasbourg », Derrida est amené à réfléchir sur les statues de la Synagogue et de l'Église, et dans la conclusion de sa conférence – qui porte sur la question de la réflexion dans cette ville –, se pose le problème de l'antisémitisme.

Et soudain, je me demande : quel est le lien entre « Penser à Strasbourg » et la fille aux yeux bandés ?

*

Toutes les nuits, la fille aux yeux bandés réapparaît et me murmure des mots que je finis par assembler pour tenter de comprendre : qu'est-ce qui pourrait la délivrer de son éternel aveuglement ? Elle partage son secret avec moi. Elle me raconte en silence ce qu'elle n'a pas vu, depuis la nuit des temps où elle reste dans la ville, dans ce mouvement singulier où elle est sur le départ, depuis toujours.

Dans la ville de Strasbourg, il y a bien long-temps, me dit-elle, il y avait deux amies, ou plutôt deux sœurs, Ecclesia et Synagoga. La première a voulu retenir la seconde, la fille aux yeux bandés, qui s'est détournée d'elle. Alors Ecclesia l'a exclue de sa Grâce, par un mystère qui prend sa source dans un temps lointain. Les deux sœurs se sont fâchées. Ecclesia a décidé qu'elle avait raison, et que Synagoga avait tort de s'obstiner dans son refus de le croire. Cette dispute est reliée à une façon de penser que l'on appelle la théologie, et qui a décidé qu'une fille serait clairvoyante et l'autre comme aveuglée par elle-même.

C'était vers le milieu du XIVe siècle, murmure-t-elle. Une terrible peste venue d'Allemagne s'était propagée dans toute l'Europe. Elle dévasta Strasbourg et tua des milliers d'habitants en une seule année. Comme les juifs étaient relativement épargnés par cette maladie car ils se lavaient tout le temps les mains, selon le rite talmudique – ils pratiquaient des mesures sanitaires héritées de leurs principes de vie et aussi de la médecine, à laquelle ils s'étaient beaucoup intéressés –, on crut que c'était eux qui avaient contaminé le peuple. Un certain homme, un cabaretier de la haute Alsace qui s'appelait Armleder, car il portait un bracelet de cuir à son bras, prétendit que Dieu lui était apparu, et qu'il lui avait intimé de faire massacrer les juifs sans aucune pitié, par vengeance contre ce peuple déicide. Il réunit une armée de gens, certains pauvres et endettés, n'ayant rien à perdre, d'autres persuadés qu'il avait raison, et qui parcoururent l'Alsace pour égorger et exterminer les juifs, dans les villes et les villages comme Rouffach ou Ensisheim, où ils avaient élu domicile. Un jour, on les traîna dans leur cimetière, dans lequel on avait construit une immense baraque en planches, on les y précipita, puis on mit le feu aux quatre coins. Partout, on les arrêtait, on les torturait, et finalement, deux milliers de juifs furent massacrés, hommes, femmes et enfants, brûlés vifs et suppliciés.

On leur arrachait leurs enfants pour les baptiser. On jeta au feu les titres et les créances des juifs à la charge des chrétiens et on se partagea leur argent. On détruisit leur Synagogue, qui était rue des juifs, et on la remplaça par une chapelle dédiée à saint Valentin, parce que c'est en ce jour de fête que les juifs furent tués. Et cette rue où les juifs furent exterminés, on l'appela la rue Brûlée. Mais comme les juifs condamnés à ne pas exercer certains métiers étaient les créanciers du roi Charles IV, celui-ci décida de les absoudre dès 1349, à condition qu'ils ne soient pas autorisés à entrer dans la ville. Puis on les laissa y venir moyennant une taxe et un droit d'entrée de trois à cinq ans, et enfin, jusqu'à 22 heures, lorsque la cloche de la cathédrale sonnait pour leur rappeler le moment du départ. Alors ils quittaient la ville pour rejoindre les petits villages alentour où ils pouvaient encore résider, au péril de leur vie.

*

Un soir où la fille aux yeux bandés m'apparut, elle me raconta une autre histoire, plus récente. C'était celle d'un homme : Marc Léopold Benjamin Bloch, un historien normalien qui enseignait l'histoire du Moyen Âge à l'université de Strasbourg en 1919. Cet homme, marié à Simone Vidal, eut six enfants. Il fonda avec Lucien Febvre en 1929 la revue des *Annales d'histoire économique et sociale* qui révolutionna les sciences humaines. En 1940, après l'armistice, il fut résistant de la première heure et auteur du livre *L'Étrange Défaite*, qui dénonce la trahison des élites. Mais arrêté le 8 mars 1944 et torturé par la Gestapo, il fut fusillé le 16 juin non loin de Lyon. Aujourd'hui, après bien des débats et des déboires, l'université de Strasbourg porte enfin son nom. C'est l'université Marc Bloch, cette même université de Strasbourg qui, pendant la guerre, entra en résistance dès 1940, marquant son refus du régime de Vichy. Une résistance organisée avec Libération-Sud, dont le philosophe normalien Jean Cavaillès est l'un des créateurs, aux côtés d'Emmanuel d'Astier de La Vigerie et de Lucie Aubrac. L'année suivante, le réseau Liberté, créé par les juristes René Capitant et Marcel Prélot, rejoignit le mouvement Combat et le groupe lyonnais Franc-Tireur, de Jean-Pierre Lévy, dont Marc Bloch est la figure majeure. C'est Jean Moulin qui unira ces trois ensembles en novembre 1942 au sein des MUR (Mouvements unis de Résistance).

Puis, le 9 novembre 1942, les autorités nazies investissent la zone sud. Elles sont décidées à mettre un terme à ce mouvement de la Résistance avec pour prétexte d'éliminer les émigrés de l'ex-université de Strasbourg qui présentaient un danger pour elle. Le plan est validé par Himmler pour une exécution rapide. Le 24 juin 1943, un attentat sert de prétexte à une première rafle : trente-sept étudiants sont arrêtés. Le 25 novembre 1943, les bâtiments universitaires sont investis par la Gestapo et l'armée. Des policiers débarquent au domicile des enseignants. L'helléniste Paul Collomp, qui s'interpose, est froidement abattu. Des enseignants et leurs étudiants sont conduits dans une caserne de la ville, où ils sont interrogés. Un demi-millier d'universitaires sont arrêtés au cours de cette grande rafle, unique dans les annales de la Seconde Guerre mondiale. Cent trente professeurs et étudiants sont déportés. Le démantèlement de « l'Université de la Résistance » se poursuit jusqu'à la veille de la Libération.

Ce sont des faits extrêmement graves, qui ont coûté la vie à des hommes, des femmes, des intellectuels, des grands philosophes et des grands résistants, comme Jean Cavaillès. Des personnages hors du commun, alliant l'intelligence et le courage à leur plus haut niveau. Ils ont été bannis, trahis et éliminés. C'était comme s'ils s'étaient détournés de la Grâce.

Mais au fait.

Qu'est-ce que la Grâce ?

Comme le dit Jacques Derrida : « Une Synagogue, c'est le lieu-dit qui dit ou dicte de se rendre ensemble, le lieu où l'on va et vient à la rencontre des autres, l'espace où l'on conduit ses pas et marche côte à côte. »

Et il évoque, comme une figure de la pensée, non pas l'Église triomphante de gloire, de certitude et de Grâce – le dogme –, mais la Synagogue représentée en jeune femme, sculptée dans la pierre de la cathédrale de Strasbourg, qui s'en détourne, par la grâce d'un mouvement. « Y est-il uniquement question de l'habileté à recevoir ou non un message ? Que ce doute soit l'aiguillon d'un regard, venu après tant d'autres, sur l'Église et la Synagogue », demande Régis Labourdette.

Le dernier soir, la statue a réapparu, dans sa robe diaphane. D'un mouvement de la main, elle a enlevé son bandeau et j'ai vu son regard apaisé. Sans doute, si la fille aux yeux bandés se détourne avec grâce de la Grâce, et si elle marche sans peur désormais, c'est qu'elle aperçoit, dans sa nébuleuse rébellion, la seule forme de vie possible sur cette Terre : celle qui ne peut se soumettre à l'autorité et au dogme.

Mais qui s'épanouit dans le rassemblement.

Strasbourg a construit l'union sur son lourd secret de famille : on l'appelle l'Europe. Elle était Ecclesia, elle est devenue Synagoga.

Et je sais maintenant qui est cette fille aux yeux bandés qui me hante la nuit. Cette fille spectrale et fantomatique, insaisissable en somme. C'est celle qui s'en va, qui fuit, qui s'échappe lors d'une certitude, d'un dogme, d'une dictature de la pensée.

C'est (celle qui pense en) moi.

POLICHINELLE

Camille Anseaume

Ces cons de psy voient des secrets de famille partout. Pire, ils en veulent.

Je dis ça, je suis pas une experte, c'est pas comme si j'en avais fréquenté beaucoup. C'est même la première fois, et aussi la dernière. C'est la sage-femme de la maternité qui m'a conseillé d'y aller quand elle m'a demandé comment j'allais, que j'ai répondu « très bien » et que je me suis mise à chouiner. Je sais pas ce qui m'a pris, parce que ça allait très bien, en vrai. Ça faisait quelques jours que je ne dormais plus, mais c'est normal, en fin de grossesse, j'ai vu sur Doctissimo. Et j'avais souvent du mal à respirer, mais c'était le petit qui devait appuyer je sais pas où. C'est ce que j'ai expliqué à la sage-femme, elle a répondu « hmm hmm » en notant quelque chose dans mon dossier, et après elle m'a dit que peut-être, aussi, c'était des crises d'angoisse. Soi-disant que la grossesse est un chamboulement pour toutes les femmes et qu'une grossesse seule, c'est des conditions d'autant plus difficiles. Après elle m'a tendu un Kleenex, il y en avait une boîte presque vide sur son bureau, preuve que je devais pas être la première qu'elle recevait à pas dormir et avoir souvent du mal à respirer. Elle a ajouté qu'un psychologue était disponible à la maternité, que c'était remboursé et que ça me ferait sans doute du bien, de parler. J'ai dit OK. Honnêtement, elle m'aurait proposé un soin dentaire ou un saut en parachute, j'aurais dit oui aussi, je voulais juste que ça se termine, et rentrer chez moi.

J'y suis allée la semaine d'après, et la première chose que j'ai vue en arrivant dans le cabinet, c'est les livres sur les secrets de famille. Il y en avait plein les étagères. *Secret de famille*, *Secrets de famille*, *Secrets de familles* (les éditeurs font preuve de beaucoup de créativité niveau titres, j'ai pensé), *Au cœur des secrets de famille*, *La famille, itinéraire d'un secret*, et j'en passe.

Le psy a regardé vers là où je regardais, l'étagère de livres donc, et il m'a pas demandé « Et vous, c'est quoi votre secret de famille ? » mais franchement, au regard gourmand qu'il m'a lancé, c'était tout comme.

Il a juste fait : « Vous regardez les livres ? » J'ai eu envie de répondre « Non non, je monte une mayonnaise », mais il allait penser que j'étais un peu rustre alors j'ai demandé : « C'est votre spécialité ? » « Ma spécialité, non, mais le sujet me passionne, toutes les familles ont des secrets. Et vous, cette question vous intéresse ? »

C'est fou parce que comme je l'ai dit, je n'étais jamais allée voir de psy, mais alors jusque-là ça se passait exactement comme je l'avais imaginé. La pièce qui sent le renfermé et le chagrin des autres, la bibliothèque remplie de livres, les échanges un peu nuls, les questions que le type te retourne tout le temps, ni vu ni connu, et vas-y que je t'embrouille.

Alors je lui ai dit la vérité : « Non, ça m'intéresse pas du tout. » Ça avait l'avantage d'être honnête, mais plutôt que de mettre fin à la discussion, tu parles, j'ai vu un truc s'allumer dans ses yeux, comme s'il avait ferré un bout de quelque chose d'intéressant, déjà, après trois minutes vingt-deux de consultation. « Pourquoi ça ne vous intéresse pas ? » il m'a lancé avec une voix toute douce en croisant ses jambes dans l'autre sens. Bizarre comme question. C'est un peu comme s'il me demandait pourquoi je ne m'intéressais pas au macramé, pourquoi je n'étais pas allée à Limoges la semaine dernière ou pourquoi je ne m'appelais pas Françoise. Franchement, qu'est-ce que tu veux répondre à ça.

Quand j'y repense, j'aurais dû lui retourner la question. Lui lancer « Et vous, pourquoi ça vous intéresse autant ? » avec une voix toute douce, et croiser les jambes dans l'autre sens, comme lui. Mais au fond, je crois que je sais : c'est pratique, le secret de famille, pour un psy. Ça peut se mettre à toutes les sauces, et tout expliquer. Et puis par définition, vu que c'est un secret, c'est pas vérifiable, alors on peut en parler longtemps. Ça alimente la discussion, les psys aussi ont peur des blancs (pas les gens hein, les silences), alors quand la thérapie coince un peu, quand ça va pas mieux, il leur restera toujours ça : c'est la faute à votre secret de famille. Puis comme on est tous pareils, à aimer mettre des mots sur ce qui va pas, ça nous arrange aussi : « — Ça va toi ? — Ouais moyen, j'ai une rhinopharyngite, et toi ? — Bof aussi, j'ai un secret de famille. — Oh merde, la plaie, bon bah porte-toi bien quand même, bisous. »

Du coup, grâce au secret de famille, tout le monde est content : le psy trouve ce qui cloche chez son patient, et le patient n'a pas un pète au casque, il a un secret de famille. « Merci docteur de m'avoir permis de réaliser que j'ai un secret de famille, je vous dois combien, ah ouais quand même, bah à bientôt, ah vraiment, faut reprendre encore un rendez-vous, bon OK, vous savez comment je suis, je sais pas dire non, sans doute la faute à mon secret de famille, allez, à la semaine prochaine. »

Sauf que moi, définitivement, non. Et en y pensant, face à lui, j'étais presque gênée. Si ça se trouve, le type a une prime au secret de famille, et c'est pas avec moi qu'il la touchera. Déjà, pour avoir un secret de famille, il faut avoir une famille. Moi j'en ai pas, je veux dire à part mon père et ma mère, et bientôt le polichinelle que j'ai dans le tiroir. Et puis, pour avoir des secrets de famille, il faut avoir le temps. Et nous, du temps, avec les bêtes, c'est simple, on n'en a pas.

La première séance est passée. Je lui ai parlé du petit gars à l'intérieur de moi, et que tant qu'il était là, j'avais juste à pas boire, pas manger de viande crue et bien laver mes légumes pour être une bonne mère, et ça, je savais faire. Mais le reste, franchement, le reste, et j'ai haussé les sourcils très haut en signe de « je sais pas ». J'ai pas eu de petits frères et sœurs, pas de cousins et cousines, je sais pas comment ça fonctionne, ça se nourrit, ça se berce, ça se lave, ça se soigne, ça s'élève. Quitte à être ici, j'espérais avoir quelques conseils, et là, le type, avec ses gros diplômes et ses étagères remplies de livres avec plein de mots savants, trouve rien d'autre de mieux à me dire que : « Je vous propose qu'on continue cette discussion la semaine prochaine. » Et dire qu'il y en a qui payent pour ça.

En ressortant j'ai vu que ma mère m'avait écrit un message pour me dire qu'elle m'attendait au café de la rue Mansart. Elle avait tenu à me déposer ici en voiture, à poireauter quarante-cinq minutes et à me ramener. Je l'ai rejointe, elle était assise sur la banquette du fond, dans ce bistrot tellement démodé qu'on aurait dit une brocante de bobos parisiens. C'est quand même fou, quand on y pense, ce besoin qu'a la jeunesse de recréer exactement le cadre de leurs grands-parents, de revenir en arrière, plutôt que d'aller de l'avant.

Ma mère était donc là, les mains autour de sa tasse de thé, et je me suis installée comme j'ai pu en me mettant de traviole pour faire passer mon ventre entre la table de devant et la chaise de derrière. J'ai galéré et j'ai dû râler un peu trop fort, si bien que quand la dame est arrivée pour prendre ma commande, ma mère s'est excusée à ma place. La dame a reculé la table de derrière en disant « Oh c'est pas grave, c'est les hormones » et ma mère, qui a toujours le mot qu'il faut pour être sympa, a répondu « Non non, elle est toujours chiante comme ça ». Bref, ça commençait bien ce petit moment de complicité mère-fille.

Après ma mère m'a demandé de quoi on avait parlé avec le psy. C'est tout elle, ça. Curieuse comme un spéculum. J'ai dit que ça la regardait pas, et je me suis sentie hyper mystérieuse, genre « J'ai une vie intime riche à laquelle personne n'a accès », et elle a baissé la tête en marmonnant « Oui, bien sûr, pardon ». Ça me déstabilise toujours quand elle devient toute fragile d'un coup, à choisir je crois que je préfère quand elle me gonfle. Elle avait un air un peu misérable, celui de la paysanne qui ne maîtrise pas les codes de la ville et encore moins ceux des psys, et qui vient de dire une absurdité parce que ce monde de l'intellect, c'est trop tard pour qu'elle y ait un jour accès. Elle m'a fait de la peine, vraiment, bon quand même pas au point de lui dire un truc gentil ou de la prendre dans mes bras, on ne s'est jamais trop touchées elle et moi, alors ça allait pas commencer comme ça, juste en sortant de ma première séance. Le mec est psy, je te rappelle, pas magicien.

On a fini de boire notre thé en silence et elle m'a dit « Tiens, je l'ai fini pendant que t'étais là-bas » en me tendant un petit paquet blanc. J'ai demandé « C'est quoi ? », elle a répondu « Ouvre ». Elle a raison, c'est souvent la meilleure façon de savoir ce que c'est. C'était un gilet en laine, bleu, minuscule, avec une manche plus courte que l'autre. J'ai répété « C'est quoi ? » et elle a répondu « Un chandail. C'est moi qui l'ai fait ». J'ai fait les yeux ronds, rapport que ma mère est la personne la moins manuelle et la moins patiente du monde, ce qui fait deux sacrés handicaps, pour tricoter un chandail. « J'ai pris des cours de tricot, je voulais savoir faire des choses pour le petit. » Ça m'a un peu sciée, je dois bien reconnaître, et comme je disais rien, elle a ajouté en montrant la manche trop courte : « J'avais mal compté les rangées, c'est pour ça » et j'ai dit « S'il a un bras plus court que l'autre, ça sera pratique », et elle a conclu en disant « À condition que ça soit le bras gauche ». J'ai regardé la maille en imaginant ma mère avec ses aiguilles, sur le canapé, le soir, le matin, l'après-midi, tout le temps – ça avait dû lui prendre un temps fou – à côté de mon père. J'ai imaginé mon père la regarder s'appliquer, la découvrir autrement, encore, après quarante ans de vie commune, observer les mains qu'il connaissait par cœur faire quelque chose qu'elles n'avaient encore jamais fait. Je ne l'ai pas imaginé dire « c'est beau » parce que c'est pas son genre, mais je l'ai imaginé le penser parce que ça, c'est tout lui. Je ne les ai jamais entendus se dire des mots doux, jamais vus s'embrasser, se toucher ou même s'effleurer. Mais je les ai vus tous les soirs se coucher en même temps, incapables de s'endormir l'un sans l'autre, et j'ai vu ma mère, tous les matins du monde, sortir le beurre une heure avant le réveil de mon père pour qu'il puisse l'étaler plus facilement sur les biscottes qu'il trempe après dans son café.

Je suis retournée voir le psy la semaine d'après, comme prévu. J'avais toujours pas de secret de famille à lui mettre sous la dent, alors on a parlé d'autre chose. De ma mère pas toxique, de mon père qui est vraiment mon père, de mon oncle pas incestueux vu que j'en ai pas, et de mon grand-père pas collabo. Et de mon polichinelle dans le tiroir, aussi, bien sûr. J'avais passé la soirée aux urgences trois jours avant parce que ça contractait tout le temps et que c'était un peu tôt. On m'avait fait tout un tas d'examens pour comprendre d'où ça venait, et finalement le médecin était venu me dire que tout allait bien, que c'était sans doute le stress et la fatigue, et que je devais me reposer et me détendre. Que c'était important pour mon bébé. Qu'il ressentait tout. J'ai paniqué. J'aime pas cette idée. Ça voudrait dire qu'il a ressenti que je voulais pas de lui, au début, qu'il est déjà au courant que son père a disparu dans la nature, et qu'il ressent aussi que j'ai peur de pas savoir m'y prendre ? Il y a mieux, comme départ dans la vie. À mesure que je pensais à ça, je sentais sous le tee-shirt mon ventre qui devenait très dur, et merde ça recommençait. Le psy a dit « Ça va ? » et je lui ai demandé « Vous croyez que quand je suis triste, le bébé sent que je suis triste ? ». Il a réfléchi deux secondes et il a pris derrière son dos un petit cous-sin rouge en me disant : « Imaginez que ça, c'est votre bébé. Quand vous avez des crises d'angoisse et que vous respirez mal, votre corps se contracte et votre bébé est comme ça. » Et BAM il a serré le coussin entre ses grandes mains, jusqu'à en faire un petit truc tout recroquevillé, et en effet, ça avait pas du tout l'air confortable pour un coussin, alors j'imagine même pas pour un bébé.

« C'est ça que votre bébé n'aime pas, il a repris. Être tout serré, sentir votre corps tendu. Ce qu'il aime, c'est se déployer. » En disant ça, il a rouvert ses mains et le coussin a repris son gonflant, on aurait presque pu entendre le soupir d'aise qu'il poussait. « Pour qu'il puisse se déployer, il a besoin de place et parfois les émotions en prennent trop. Il faut les sortir. Ce ne sont pas les émotions qui abîment les bébés, il a conclu en me regardant, c'est de vouloir les retenir. » Le petit gars a bougé dans moi, alors j'ai regardé mon ventre, et je me suis dit qu'il méritait d'avoir plus de place, et que je fasse un grand ménage.

Ma mère m'avait encore déposée, elle a encore poireauté, et m'a encore attendue pour me ramener. Soi-disant que ça la dérangeait pas, elle avait des choses à faire dans le quartier. On s'est retrouvées au même café que la dernière fois, cette fois je lui ai raconté un peu le coup du coussin parce que ça m'avait fait du bien, elle acquiesçait en disant « C'est bien ça, c'est bien », comme si c'était une sorte de révélation, le truc des émotions à sortir.

Ceci dit c'en était peut-être une, pour elle, qui est aussi expressive qu'une armoire normande.

Elle m'a proposé de dîner avec elle et mon père, le soir, parce qu'il avait fait trop de lasagnes pour deux. J'ai dit OK, je dis toujours OK quand il y a lasagnes dans la phrase. Il y avait en effet trop de lasagnes, mais aussi, bizarrement, trop de moussaka, trop de couscous et trop de hachis parmentier, qui se trouvent être mes plats préférés. Il avait fractionné tout ça en parts individuelles qu'il avait mises dans des moules en alu. Il m'a conseillé de les congeler chez moi, et que comme ça, si j'ai pas le courage de me faire à manger dans les semaines qui viennent et à la naissance du petit, j'aurai plus qu'à les réchauffer. Il a précisé qu'il avait mis que du fromage pasteurisé, qu'il avait bien fait cuire la viande, et qu'il avait vérifié sur Internet si j'avais bien le droit aux choses congelées et si les plats en alu c'était pas dangereux dans mon état, et ça m'a fait sourire un peu les précautions qu'il prenait parce qu'au fond je sais ce qu'il pense de tout ça, et que ma mère, quand elle était enceinte de moi, elle buvait le lait au pis de la vache et se refusait pas un petit verre de rouge de temps en temps.

J'ai passé la semaine à manger de la moussaka et du hachis, et à regarder et écouter exprès des séries et des chansons qui font pleurer pour sortir mes émotions. J'ai mieux dormi, et aussi mieux respiré. Puis ça a été vendredi, jour du psy, et j'y suis allée, sans savoir que ça serait la dernière fois. Du moins la dernière fois avant que je rencontre le petit.

Ma mère m'a accompagnée, elle m'a dit qu'elle avait des choses à déposer à la Poste et que c'est pour ça qu'elle pouvait me déposer et m'attendre, je lui ai fait remarquer qu'il y avait pas de Poste ici et que d'ailleurs elle avait pas pris de colis, qu'il fallait qu'elle arrête de me prendre pour un lapin de six semaines et que je savais bien que si elle venait à chaque fois c'était pour m'accompagner, et me raccompagner, m'éviter les transports et être sûre que j'allais bien. Elle a fait « Pfff, n'importe quoi » en secouant sa tête sans lâcher la route des yeux et je lui ai pincé la joue, pas fort, mais juste assez pour sentir sa chaleur et que la sensation me revienne, celle de nos peaux qui se touchent, comme un souvenir d'enfance.

Le psy m'a félicitée d'avoir pleuré cette semaine – quel drôle de métier, quand même – et m'a dit que ce que je pouvais faire, aussi, quand le petit serait là, c'est de lui parler. Il m'a expliqué qu'il fallait pas croire qu'il était trop petit pour comprendre. Certes il capterait pas le sens des mots, mais rien qu'avec le ton il saisirait des infos, et comme moi ça me fera du bien de les dire, bah ça lui en fera aussi, en gros. Je me suis imaginée à la maternité avec lui au sein (le petit, pas le psy) en train de lui parler, mais on dit quoi à un bébé qu'on vient de rencontrer ? « Enchantée » ? « La route a été bonne ? » Le psy m'a dit que je devais pas m'inquiéter, que je saurais. Il me fait confiance, depuis que je sais pleurer.

C'est en retrouvant ma mère au café de la rue Mansart que c'est arrivé. J'ai même pas eu le temps de la rejoindre au fond du bistrot. J'ai poussé la porte, et senti quelque chose couler entre mes jambes. J'ai dû faire une drôle de tête parce que ma mère s'est levée en trombe en me demandant si ça allait, et le temps qu'elle arrive jusqu'à moi une flaque avait commencé à se former entre mes jambes. Toutes les deux on regardait par terre en répétant « Oh la vache », incapables de réagir. C'est Mariette, la patronne du café, qui a dit « Allez mesdames, on se bouge là, emmène donc ta fille prendre une douche et puis allez vite à la maternité ». On a obéi sans rien dire, un peu sonnées, comme deux petites filles, dont une trempée.

Quand on me l'a posé sur le ventre, à la force de ses tout petits bras il a rampé jusqu'à mon sein, pour y coller sa bouche. J'avais jamais rien vu d'aussi dingue. Je ne disais rien, je faisais que de le regarder, c'est vraiment un mignon petit gars et je dis pas ça parce que c'est le mien. Il y avait du monde autour, ça s'agitait un peu, et dès que je suis arrivée dans ma chambre mes parents ont débarqué. Ils répétaient qu'il était beau et qu'ils étaient rien fiers et ils pleuraient, fallait voir comme ils pleuraient. Ils sont repartis une heure après, les yeux rouges, la goutte au nez et en se tenant le bras, je n'avais jamais vu ça. C'est là que je me suis retrouvée toute seule avec le petit, pour la première fois. Il s'était endormi, affalé de tout son poids de plume contre moi. Je l'ai regardé, détaillé, examiné, caressé. J'avais envie de pleurer et de rire à la fois. J'ai repensé à ce que m'avait conseillé le psy, de parler au petit, et alors il s'est passé un truc étrange.

Je me suis souvenu de cette phrase qu'il m'avait dite la première fois, « Oh vous savez, toutes les familles ont des secrets », je l'ai entendu distinctement, comme s'il était là, avec moi, sur le siège vide à côté du lit, celui qui sert d'habitude au papa. J'ai dit « Oh le con » et j'ai compris qu'il avait raison.

Nous aussi on a un secret : dans ma famille, depuis toujours, on s'aime sans se le dire.

Alors je me suis penchée au-dessus de toi et j'ai déposé trois mots à ton oreille, trois mots que je n'avais jamais prononcés avant et qui ont la douceur du miel. C'est grâce à toi que j'ai mis fin à un grand secret, un secret de polichinelle.

QUATRE-VINGT-DIX ANS D'AMOUR ÉTERNEL

Sarah Barukh

Il paraît qu'il faut autant de jours de repos que d'heures de voyage pour se remettre d'un trajet en avion. Vingt-quatre heures dans le flou pour une seule en l'air… Selon cette logique, quatre-cent soixante-huit ans me seront nécessaires pour me relever de la mort de Joseph. J'ai toujours aimé les mathématiques. Quel que soit le problème de départ, il y a une formule pour expliquer l'incompréhensible. Joseph est parti avant que je n'aie réussi à l'appeler « papa » de nouveau et je ne trouve aucune logique à sa fin abrupte.

Alors je traîne. Trente-sept minutes que j'erre devant mon armoire en chaussettes dépareillées. Je viens de retrouver le masque Air France que j'avais volé en première il y a cinq ans. Je l'ai cherché partout. Il était tombé derrière mes sous-vêtements. Un masque, l'avion, notre voyage à Bali, le riz qui colle, le rire de Joseph. Un masque et quatre siècles pour apprendre à vivre sans mon père. L'étrange cheminement des idées dans mon esprit me surprendra toujours.

Plus jeune, je m'étais souvent demandé comment faire pour être au courant le jour où ça arriverait. Parce qu'on grandit toujours en se préparant à l'inévitable mort de nos parents. Sauf que pour moi, il faudrait assumer la honte en plus. Je craignais de découvrir qu'il était enterré depuis des semaines : si personne ne me connaissait, si mon nom n'était mentionné nulle part, il n'y avait aucune chance qu'on m'annonce la nouvelle à temps. Des années durant, quand Joseph n'avait pas encore de téléphone portable, encore moins le deuxième qui nous était réservé, à maman et moi, quand je n'avais pas le droit d'appeler à son cabinet, je traquais les rubriques nécrologiques des journaux. Je ne pouvais pas me douter que plus tard, de simples clics anonymes sur les réseaux sociaux me permettraient de savoir si mon père vivait toujours. Maman me trouvait glauque. Elle a toujours considéré que « j'en faisais des caisses », que je ne « savais pas tirer profit de cette situation ». Elle me surnommait « Phèdre », parce que, selon elle, j'insufflais de la tragédie partout sur mon passage. Elle aimait lire. Après tout, dans sa bouche, c'était peut-être un compliment. Au collège, mes amies cherchaient des posters géants de chanteurs dans les magazines. Moi, je vérifiais que mon père n'était pas mort. Ce n'est pas une façon de dramatiser, c'est un fait.

Il y a trois jours, un commentaire m'a interpellée sur la page Facebook de Lucas, le cadet de Joseph. Enfin, son « vrai » cadet. À peine formulée cette phrase que j'entends encore mon père me corriger. « Non, Juliette chérie, il y a une différence entre vrai et officiel. » Il mettait beaucoup de philosophie dans sa façon de m'expliquer les limites de ma place dans sa vie. Selon lui, je voulais tout, tout le temps, tout de suite, ce qui lui était impossible.

Ce genre de pensées me fait baisser les yeux. Alors c'est une évidence : je devrais ôter mes chaussettes et mettre nos mocassins rouges. Pas la tenue idéale pour un enterrement, mais ça, au moins, on ne me l'enlèvera pas. Les autres ignorent cet aspect de la personnalité de Joseph. Il n'y a qu'avec maman et moi qu'il se sentait assez à l'aise pour porter d'affreuses chaussures vernies rouges, qu'avec nous qu'il assumait qu'on ait tous les trois la même paire aux pieds dans la rue. Était-ce un signe d'amour ? Porter des chaussures différentes de d'habitude ? Était-ce une preuve qu'il m'a aimée autant que ses enfants « officiels » ?

Mes yeux piquent. Il faut tenir. J'ai décidé de ne pas pleurer. Je lui ai donné assez de larmes de son vivant.

Chaussures rouges, jean bleu ciel et chapeau. Celui des jours de pluie. Ça ira très bien. Je refuse de me torturer plus longtemps avec une tenue dont tout le monde se fichera puisque je ne suis personne. C'est drôle, la vie. On se dit qu'on a le temps, qu'un jour, plus tard, la vérité éclatera. On promet qu'un dimanche, on réunira tout le monde dans cette fameuse maison de campagne et qu'on expliquera. On reporte, on se dégonfle, on demande pardon. L'année prochaine, promis. Rebelote. Et puis on évite une poussette en scooter et on meurt dans une bouche d'égout. J'y vois plus d'ironie que de tragédie. Le signe que j'évolue, sûrement.

Route des Marronniers.

Je n'ai pris conscience que très récemment de la poésie des noms de rues des cimetières. Des arbres centenaires, est-ce un clin d'œil à la supériorité de la nature sur nous ? J'avance dans l'allée bordée de tombes. Combien de vies oubliées, de passants venus un temps visiter des ancêtres avant de disparaître à leur tour ? « Nous sommes tous de passage », m'a lancé le jeune homme du bureau des concessions du service des cimetières quand, à la mort de maman, je me suis étonnée de la durée affichée au bas du contrat d'achat d'un caveau. Même nos tombes ne nous sont réservées qu'un temps. Quatre-vingt-dix ans à Paris, pour être précise.

Des personnes se massent autour d'une femme aux yeux rougis. Il me semble reconnaître Justine, l'épouse de Lucas. Elle est plus épaisse que sur les photos de Joseph, mais elle vient d'accoucher du troisième, si ma mémoire est bonne… On l'embrasse, elle rassure sa cour : « Oui, ça va aller. Lucas arrive. Ils viennent directement de l'hôpital avec Jonas et leur mère. » Puis elle éclate en sanglots.

— C'est arrivé si brusquement… L'autre jour encore, il dînait à la maison, il avait tant de projets.

Soudain la foule se fige. Le convoi apparaît derrière les grilles. Tout va très vite, les larmes, les embrassades, les salutations aimables de ceux qui sont juste là pour accompagner. Le prêtre se tient face à la voiture noire. En quelques minutes, l'assemblée a pris un volume inattendu. Trois cents invités, peut-être, qui progressent ensemble vers la dernière demeure de Joseph. Je les suis. J'ai toujours cette peur au fond de moi d'être démasquée. Stupide. Personne n'a vu mes chaussures rouges. Et personne ne se demandera qui je suis.

Troisième tombe à gauche, à l'angle de l'allée des Tilleuls et de l'avenue des Orangers. Joseph

aurait adoré ce mélange en tisane. Une tisane…
Soudain me reviennent nos petits thés du jeudi,
les chouquettes qu'il rapportait de la boulangerie
de mon enfance.

Il y a des chaises au premier rang pour la
famille. « Elle » s'installe au milieu de sa tribu.
Lucas et Jonas l'entourent, un de chaque côté.
« Elle » est la reine indétrônable… Même maman
n'a pas réussi à ébranler cet équilibre.

Toutes ces années, j'ai tenté d'imaginer à quoi
elle ressemblait. Je m'attendais à une aura irrésis-
tible, une élégance qui force le respect. « Elle »
est une petite femme commune. Les traits de son
visage semblent avoir été assemblés à la va-vite.
Ses yeux légèrement trop proches lui donnent un
air un peu ahuri, ses pommettes trop basses me
font penser à un vieux chien qui attend son os.
Sa jupe laisse apparaître des jambes maigrelettes.
Quelques varices se dessinent sous ses collants.
Papa avait raison, elle ne prend pas soin d'elle. Et
pourtant, « elle » a gagné. Jusqu'au bout, « elle »
aura raflé la mise. Et moi, je ne sais pas où m'asseoir. Il reste encore une chaise à côté d'eux…
Mais non, bien sûr. C'était à Joseph de me réser-
ver cette place, pas à moi de la voler.

On y installe une vieille dame. Fin du débat.
La foule m'oppresse. J'ai besoin de m'éloigner.
J'inspecte les environs. Joseph va habiter à côté de
Lucie et Jean-Marc Simon, morts respectivement

le 30 mars 1962 et le 2 septembre 1983. Sacré écart. L'a-t-elle attendu toutes ces années ? Il avait 57 ans quand il est parti, vingt ans avant elle. Juste derrière, il y a Évelyne Loizeau « Une mère et grand-mère aimée », selon l'épitaphe. La stèle est ébréchée, des fleurs il ne reste que les tiges séchées, recroquevillées dans un vase noir de poussière. Aimée peut-être, visitée beaucoup moins, semble-t-il. Je finis par m'asseoir un peu plus loin, sur le rebord de la tombe d'un certain Hervé Jean.

Le prêtre se racle la gorge.

— Nous sommes ici réunis pour rendre hommage à Joseph Henri Aubry, un époux, un père, un ami aimé. Nous devons réfléchir à cet élan de pitié et d'amour qui l'a emporté. Ce n'est pas un simple accident. Joseph Aubry a choisi de sauver la vie d'un enfant.

« Elle » pousse de lourds soupirs. Lucas serre sa main. J'ai du mal à admettre que le corps de Joseph est dans cette boîte. Toute ma vie j'ai imaginé, redouté le moment de l'adieu à mes parents, et pourtant rien ne m'a préparée à l'abîme en moi.

Quand maman est morte, j'ai dû vider son bureau. J'ai souvent eu l'impression qu'elle était devenue mère parce qu'il fallait passer par là pour être une femme libre. Rien ne semblait pourtant compter plus à ses yeux que son métier. Elle avait commencé comme secrétaire dans une société de production cinématographique pour finir directrice du service de lecture chez Gaumont. Dans son petit deux-pièces du 15e arrondissement, on ne distinguait plus la peinture sur les murs tant ils étaient percés d'étagères pour accueillir tous les manuscrits d'auteurs inconnus qui ne deviendraient jamais des films. En commençant à trier ses affaires, je m'attendais à passer des semaines perdue au milieu d'histoires merveilleuses. Une simple journée m'a suffi à rassembler l'intégralité de ses dossiers dans trois cartons. Trois cartons dont elle était seule à pouvoir comprendre l'intérêt. Voilà à quoi nos vies se résument. De cinquante années d'un travail acharné, il ne reste que d'insignifiants petits tas de papiers.

C'est peut-être ce qui m'a le plus attristée. Elle avait tant sacrifié pour sa carrière, à commencer par notre relation. Elle s'était donné une mission qui dépassait tout le reste : dénicher les futurs talents de la scène française… Au final, elle a été remplacée en quelques jours chez Gaumont. Quatre ans plus tard, on y a oublié son nom. De la paperasse, des textes raturés et une lettre pour mon père perdue au milieu d'un scénario avorté d'histoire d'amour, que Joseph n'aura jamais eue. Voilà pour ma mère.

Dans une soirée arrosée, j'avais discuté avec une aide-soignante qui exerçait en soins palliatifs. Je lui confiais que mon job m'aspirait, mais que j'adorais ça : me sentir importante. Elle m'avait répondu d'un ton cassant, probablement aidée par l'alcool, que je me trompais, qu'au final, seules les relations qu'on avait nouées comptaient, celles dans lesquelles on s'était investi. La valeur de nos existences se mesurait au temps qu'on avait consacré aux autres. Parmi les personnes qu'elle accompagnait à la mort chaque jour, elle distinguait deux catégories d'individus : ceux qui mouraient le cœur plein de l'amour qu'ils avaient donné, et les autres.

Des papiers qui ont fini à la poubelle et une lettre pour celui dont elle a manqué les rendez-vous pendant cinquante ans… Inutile de chercher à quel clan ma mère appartenait.

— Tous, nous sommes tentés de voir dans la mort un malheur immérité, capable de nous faire douter de Dieu, reprend le prêtre avec une assurance qui réveille l'auditoire. Pourtant, la mort n'est pas un échec ni une fin, mais l'entrée dans la vie de Dieu.

Puis le prêtre regarde Lucas et Jonas, la regarde « elle », et insiste sur ce qu'il sait de Joseph, cet « homme honnête, intègre et généreux, pilier de la famille Aubry à qui il a tout donné, et dont

il va falloir apprendre à combler le manque ».
J'ai l'impression d'être une tache, le petit diable
qui vient contredire Dieu. Je suis la preuve que
Joseph n'était pas ce personnage droit et fidèle,
puisqu'il était aussi mon père.

Mon cœur se serre quand « elle » rajuste
l'écharpe autour de son cou. Je n'y avais pas fait
attention jusque-là. L'écharpe de Joseph. Celle
qu'elle lui avait tricotée pour un anniversaire. Il
l'avait oubliée un soir à la maison et on avait frôlé
le drame. Il avait traversé Paris pour la récupé-
rer à temps. Notre chat s'y était blotti et la laine
s'était imprégnée de l'odeur de notre appartement. Notre odeur.

Mon père était désemparé. Je ne l'avais jamais
vu dans cet état. Depuis des mois, « elle » posait
trop de questions, menaçait de se tuer chaque
semaine s'il n'avouait pas ce qu'elle redoutait…
Il ne pouvait pas risquer d'être découvert. Nous
devions effacer nos traces après chaque visite.
Pas de parfum, pas de rouge à lèvres, pas de
cheveux qui dépassent. Maman et moi avions pris
l'habitude de nous plier à une stricte discipline
d'effacement. Ma mère avait proposé de laver
l'écharpe, mais comment justifier les effluves
d'une lessive différente ? Nous avions imaginé
des scénarios rocambolesques, cédant tantôt à
nos rires nerveux, tantôt à des soupirs las d'avoir,
encore et toujours, à la préserver, « elle ».

Finalement, mon père avait jeté l'écharpe dans le caniveau. En rentrant, il avait prétexté l'avoir fait tomber. La laine rouge était maculée d'une matière grisâtre écœurante, mais notre odeur avait disparu. L'honneur était sauf.

Je glisse ma main au fond de ma poche. La lettre de maman est là. Je l'avais gardée pour la donner à Joseph un jour… J'ai trop attendu. Je la froisse en une petite boule que je fais rouler autour de mes doigts. Il faudrait que je la dépose sur la tombe de mon père. Qu'ils reposent ensemble. Elle mérite désormais de l'accompagner dans la mort à la place qui lui est due. Toujours cette histoire de place… « Ta place ! Ta place ! Mais chérie, je ne suis pas un bus ! » m'avait lancé Joseph un jour que je lui reprochais encore ce rôle de bâtarde dans lequel il persistait à m'abandonner. Il avait ce don pour trouver des tournures censées désamorcer les « drames de Phèdre », comme il disait. Ma mère avait ri, mais pas d'aussi bon cœur que d'habitude, et moi, j'avais eu l'impression d'être éjectée de ce bus aussi métaphorique que cruel.

Le papier froissé est devenu compact, humidifié par mes mains moites. Le bus est désormais à l'arrêt. Tout le monde en est descendu et pourtant, ma mère et moi sommes toujours tenues à l'écart.

Simon Aubry, le frère de Joseph, se tient debout près du cercueil. Pour que je le considère comme mon oncle, il faudrait qu'il connaisse mon existence. Mais je suis la planquée aux chaussures rouges, sur la tombe d'Hervé Jean. Son discours est parfait, comme ceux que les sociétés de pompes funèbres recommandent sur leur site. Je ne sais pas pourquoi, je me suis renseignée hier. Je m'imaginais, prenant la parole pour faire mes adieux au grand jour. De fil en aiguille, j'ai atterri sur de précieuses recommandations :

Comment structurer ses idées avant d'écrire une oraison funèbre ?

1. Présentez-vous rapidement.

2. Portrait du défunt : attention, c'est le cœur de votre mot. Comment était-il ? Qu'avez-vous vécu avec lui ? Les bons moments comme les plus difficiles.

3. Terminez votre hommage par une citation. La description de l'état dans lequel il vous laisse.

Simon a coché les cases anecdote et sentimentalisme avec brio, nous en sommes à la citation de conclusion.

— Pour nous tous, tu resteras ce modèle de droiture, celui en qui déposer sa confiance. Et je te laisserai partir sur ces mots de Khalil Gibran : « Quand tu es heureux, regarde au plus profond de toi. Tu verras que seul ce qui t'apporte de la peine, t'apporte aussi de la joie. Quand tu es triste, regarde à nouveau dans ton cœur, et tu verras que tu pleures ce qui te rendait heureux. Parler de ses peines, c'est déjà se consoler. »

Joseph n'avait pas prévu de tomber amoureux fou de ma mère.

Ma mère n'avait pas prévu d'aimer un homme qui ne serait jamais libre pour elle.

Leur histoire est une suite d'abandons, d'attentes et de résignations. Ensemble, ils respiraient le bonheur et les possibles. Ma mère m'a confié un jour : « Dans ses bras, j'étais enfin chez moi. Je n'avais jamais ressenti ça nulle part. Il était ma maison. » Pour lui, ma mère a été une boussole dans la tempête. « Elle », l'autre, il devait la quitter. Il le lui avait annoncé, avait emménagé dans un petit appartement pas trop loin pour continuer de voir les garçons chaque jour. De leur couple, il ne restait que des obligations. Il payait les courses, les vacances, les vêtements, et le soir, chacun dormait chez soi.

Joseph se pensait trop jeune pour être condamné à un quotidien sans amour ni tendresse. Se marier n'excusait pas tout. Fin juin, des avocats avaient été engagés, la procédure lancée. « Elle » voulait garder des disques qu'elle n'avait jamais écoutés, des tableaux qu'elle détestait et qui ne lui appartenaient pas. Jusqu'au bout, elle s'accrocherait à la moindre parcelle de ce qu'elle pensait être son dû. Le 7 juillet, découragé par une nouvelle offensive de sa « femme », Joseph avait décidé de se remettre à fumer. Des années de patchs, de séances de sport et de psychanalyse en vain. Mon père demande une cigarette à un passant, s'apprête à l'allumer quand il croise le regard d'une femme. Timide, elle baisse les yeux.

— Quoi ! lance-t-il d'un ton agressif.

— C'est dommage, je n'aime pas l'odeur des hommes qui fument.

Jamais elle n'avait abordé un inconnu dans la rue. Jamais elle n'avait abattu ses cartes de façon si directe. Mais c'était lui. Elle l'avait reconnu. Inutile de perdre du temps.

Il a jeté la cigarette. Il a pris la fille. Ils m'ont dit s'être aimés. Ils m'ont dit que ce mois de juillet fut le plus beau de leur vie, que le monde autour s'en trouvait enchanté, qu'on les décrivait alors comme deux inséparables que rien n'éloignerait jamais.

Début septembre, quelques jours avant l'audience, « elle » a dégainé son arme de destruction massive. La première. « Elle » a brandi les résultats de ses analyses comme un trophée. Le cancer la rongeait, les médecins lui donnaient quatre, six mois tout au plus. Joseph ne pouvait pas « l'abandonner seule pour affronter la mort ». Mon père était un gentil, et bien sûr, il a assumé.

« Elle » s'est remise de cette attaque. Puis des trois récidives qui ont suivi. Une nouvelle dès que Joseph tentait de s'éloigner. « Elle » s'est laissée aller à la colère, au mépris. À chaque tentative de discussion, à chaque fois que mon père lui montrait que cette situation n'était plus tenable, que cette cohabitation déséquilibrée affectait toute la famille, elle mourait de nouveau pour qu'il reste.

L'argument de la maladie semblait fonctionner, alors Lucas s'y est mis aussi. De légères crises d'asthme au départ, puis il a développé une insuffisance respiratoire inquiétante. Je me souviendrai toujours de ces vacances. Pour la première fois, nous étions partis tous les trois, mes deux parents et moi. Joseph avait repéré un colloque de médecine sur la Côte d'Azur et avait construit son énième mensonge. Nous étions descendus à Nice, au Palais de la Méditerranée, où les vrais participants dormaient aussi. Nous devions veiller à leurs horaires de petit déjeuner et de conférences pour ne pas croiser de confrères, et tant d'autres détails qu'il avait fallu intégrer pour garantir notre tranquillité. Mais c'était la joie. Joseph m'avait acheté une bouée en forme de pastèque, des granités à la fraise et, ensemble, nous ramassions des galets sur la plage.

Les premiers jours, « elle » s'était contentée des brefs appels de mon père pour embrasser les garçons avant de dormir. Et puis un soir, au beau milieu de la nuit, la réception nous a réveillés : « elle » devait joindre papa d'urgence. Lucas étouffait. Ses lèvres étaient bleues. Les pompiers arrivaient pour le conduire à l'hôpital.

Joseph est monté dans le premier avion retour. Inconsciemment, j'ai dû vouloir rivaliser. Je suis tombée dans la rue en courant après son taxi. Jambe cassée. Immobilisée des semaines dans le Sud.

Il n'a pas pris d'avion pour moi. Il n'y avait pas d'autre colloque sur lequel broder. Et je n'aime plus les granités fraise.

J'avais l'impression d'être invisible. Je passais mon temps à regarder ma carte d'identité pour vérifier que j'existais. J'avais deux prénoms, mais un nom erroné, tronqué. J'étais un mensonge. Toute ma vie était un mensonge. Je voulais une famille, celle à laquelle j'avais droit. Je voulais appeler Lucas, Jonas, et que l'on dépasse ça, les erreurs de nos parents imbéciles. Je voulais ces frères-là, qu'ils remplissent enfin le vide que mon imagination n'avait jamais su combler. J'essayais de deviner leur quotidien à tous les quatre. Comme si chaque jour, ce qu'ils partageaient ensemble m'amputait davantage. Plus tard, une thérapeute m'a demandé comment je comprenais la gravité de l'asthme de mon frère. Je n'ai pas su répondre. « Ne pensez-vous pas que l'ambiance dans ce foyer que vous avez tant fantasmé était insup-portable ? Insupportablement étouffante ? » Elle pensait que je devais apprendre à voir les choses autrement. Pour ce qu'elles étaient. Mes frères souffraient sûrement aussi, qu'ils se doutent de mon existence ou pas.

Est-ce qu'« elle » savait pour moi, pour ma mère ? Est-ce qu'« elle » avait compris pour les gardes à l'hôpital, les urgences au cabinet qui n'en étaient pas ? Je suis arrivée par surprise, au bout de huit ans d'un amour interdit. Ma mère a vécu huit années de promesses non tenues, de « je la quitte ce mois-ci », de « fais-moi confiance », de « cherche-nous un appartement ». Puis elle a compris que Joseph était coincé. Impossible de se séparer de lui, et impossible de se sacrifier encore plus longtemps de cette façon. Il la tenait avec lui dans ses chaînes. Tous deux prisonniers d'« elle ».

Ma mère m'a assuré que j'étais son miracle. Qu'elle n'avait pas prévu de tomber enceinte, mais que lorsque l'on désire autant un enfant, on ne peut pas parler d'accident. Mon père a refusé, paniqué, pleuré, crié et cédé. Je ne porte pas son nom. J'ai grandi dans une autre ville où ma mère s'est réfugiée « au cas où » un inconnu fasse un jour le rapprochement entre lui et moi. « Au cas où » on croiserait quelqu'un qui connaîtrait quelqu'un qui nous reconnaîtrait. Les années ont passé comme ça, à vivre d'« au cas où ». Nous étions sa « cachette secrète », son autre vie. Jamais ma mère ne s'est rebellée contre cette situation. Du moins devant moi. Elle s'énervait quand je lui en faisais le reproche, comme si je devais me contenter moi aussi de cette famille à géométrie variable. Deux, puis trois. Puis deux encore, elle et moi qui l'attendaient.

— Papa, j'espère être fidèle à ton image, que de là-haut, tu guideras mes pas pour continuer à faire de moi un homme pour qui la famille passe avant tout, pour qui l'amour que l'on donne aux siens est l'unique signe de réussite, le respect des valeurs, le sens de l'existence.

Lucas a pris la parole. Il lit son texte sans hésitation. Le « petit fragile » qui a tant nécessité d'attention enfant est devenu un immense gaillard à la voix rauque. Médecin du sport, athlète de haut niveau… Il faut croire qu'il a su reprendre son souffle.

Les blessures physiques de l'enfance finissent souvent par se soigner. Les autres, les marques intérieures, gangrènent le reste. Les obstacles nous arrivent parce que la blessure n'a pas cicatrisé et les jolies choses sont toujours teintées de mélancolie. Plus jeune, j'ai voulu disparaître. En finir avec ce dilemme insupportable de devoir être là en pointillé. J'ai atteint les trente-deux kilos. Le poids de ma tentative d'effacement définitif du monde. Je n'étais plus capable de me nourrir. Avaler une simple cuillère de soupe était une victoire. Mon corps avait 20 ans, mais moi, j'étais toujours cette petite fille qui rêvait que son papa l'accompagne au moins une fois à son premier jour d'école.

On me disait de croire en l'avenir, que la vie me réservait aussi de belles surprises. On me parlait de mariage, d'enfants, et je ne voyais que ce jour où personne ne pourrait me conduire à l'autel, où chaque anniversaire de mon bébé serait teinté de ce hasard que j'avais maudit toute mon enfance : est-ce qu'« elle » le laisserait s'échapper pour nous rejoindre ? Je n'avais pas suffi à mon père que j'étais censée combler, je ne voyais pas comment un inconnu pourrait m'aimer.

Et puis aimer qui ? Pour quoi ? Je me suis interdit de croire en ce que mes parents n'avaient pas su construire. Si l'amour véritable n'existait pas, alors je ne pouvais pas leur en vouloir de ne pas s'être plus battus. J'ai préféré me convaincre que les hommes étaient « tous les mêmes », que les femmes étaient « toutes les mêmes », égoïstes, infidèles, et que tenter de les réunir était voué à l'échec. Aux naïfs qui m'opposaient que l'amour était la seule magie valable de l'existence, j'expliquais que le mariage était une convenance sociale pour que les hommes, des siècles durant, occupés à faire la guerre, puissent être certains qu'en rentrant chez eux, les gamins de leur femme ne soient pas de vulgaires bâtards. On épousait juste pour asseoir une virilité grotesque.

Ils descendent le cercueil. Plus personne pour dire un dernier mot. Je ne me suis pas manifestée. J'aurais pourtant pu lister tout ce que nous n'avons pas eu l'occasion de faire ensemble, faute de temps ou de secrets. J'aurais pu dire aussi que l'essentiel, tu me l'avais donné, papa. L'essentiel dont tu étais capable. Parce qu'on aime comme on peut. Et moi, malgré les manques, les injustices, les regrets, je t'aime quand même. Je crois que c'est peut-être ça, finalement, la meilleure définition de l'amour : on aime vraiment quand on aime quand même.

En sortant de l'hôpital psychiatrique où j'ai héroïquement atteint les quarante kilos, j'ai voulu tout révéler. Cesser de porter seule le fardeau du péché. J'ai suivi la petite famille parfaite au restaurant, leur rendez-vous du vendredi soir, toujours le même, toujours à la même heure. Je me sentais si puissante soudain. Je n'étais rien, je ne portais pas leur nom et pourtant j'avais le pouvoir de tous les détruire, d'entacher leurs souvenirs, leurs croyances. Si « elle » avait été seule, je serais allée au bout. Mais il y avait mes frères. Je ne sais pas pourquoi, j'ai eu peur de les abîmer, eux. J'aurais voulu les jalouser assez pour ne pas les aimer. Je n'y suis jamais parvenue. Peut-être qu'au fond, j'espère encore. Quoi ? À vrai dire, je ne sais même plus.

Le cœur de ma mère a lâché un après-midi d'hiver. Je pense qu'il avait trop souffert. On ne peut pas éprouver un organe des années durant et penser qu'il n'y aura pas de séquelles physiques. On aime avec le cœur, ce n'est pas qu'une image, et les amours qui blessent peuvent tuer pour de vrai.

Sur la tombe voisine d'Hervé Jean, il y a une gamelle. Scotché à la va-vite, un petit mot précis : « Ne pas toucher, dernières volontés. » Sur la stèle, je découvre la photo d'une femme sans âge, enlaçant un chat. Qui peut bien souhaiter qu'une gamelle trône sur sa dernière demeure pour les quatre-vingt-dix ans que dure l'éternité des cimetières parisiens ? Où commence la folie ? Aimer démesurément un chat ? Un homme marié ? Aimer ? Machinalement, je défroisse la lettre dans ma poche, j'en caresse les contours. Lire cette lettre m'a bouleversée. J'avais peur qu'elle me détruise. Mais au contraire, quelque chose en moi s'est apaisé. L'amour de mes parents y est écrit noir sur blanc. Pour la première fois de ma vie, mes origines, mon histoire, sont officielles. Je ne suis pas un accident. Je ne suis pas un miracle. Je suis une suite logique, le résultat d'une équation dont l'inconnu est enfin défini. Il doit la lire, d'où qu'il soit.

Et si je l'enveloppais autour d'une rose ? Je pourrais la déposer sur la tombe de papa sans que personne ne le remarque. Je me glisse dans la file d'attente qui mène à la fosse.

Dix mètres et ce sera mon tour. Jeter la rose, saluer la « famille » et partir. L'attente me semble infinie, la lettre si lourde.

Quatre mètres. J'y suis presque. J'ai peur. J'ai l'impression que la vie de ma mère est entre mes mains. Non. Pire que cela. Le sens de sa vie.

Deux mètres. Un homme me bouscule pour passer devant moi :

— Désolé, je suis un cousin proche et je suis pressé.

J'ai envie de hurler que c'est mon père, mais une voix me coupe.

— Alors, tu es venue ?

Lucas me regarde. Je ne peux pas croire que c'est à moi qu'il s'adresse.

— Juliette, c'est ça ? renchérit Jonas.

Je hoche la tête. Je ne sais pas quoi répondre.

— Nous n'avions pas tes coordonnées…

— On te cherche depuis si longtemps.

Ils me disent qu'ils sont contents que je sois venue, qu'ils m'auraient reconnue même ailleurs qu'ici, que je suis comme ils m'avaient imaginée, plus jolie même encore, qu'ils ont l'impression que je leur manque depuis toujours, que je leur manquais même avant de savoir que j'existais. Ils me disent que je suis aussi leur famille, qu'ils ont tant souffert de ce qu'on leur a caché, qu'ils ont tout découvert il y a peu, mais qu'ils n'ont jamais osé me contacter. Ils ne savaient pas comment, se disaient que plus tard, un jour…

— Nous savons aussi que ta maman est morte. Nous sommes désolés.

Pour toute réponse, je leur tends le papier froissé.

— Elle lui avait écrit ça.

Mes mains tremblent. « Elle » se crispe à côté d'eux, s'apprête à bondir, mais Lucas freine son élan, il l'enlace pour la retenir sans lui faire peur.

Jonas saisit le papier froissé de mes mains, je le laisse faire.

Il jette la lettre.

Il jette la lettre vers son père.

Notre père.

— On sait tous que c'est mieux comme ça, conclut-il en nous regardant l'une après l'autre, « elle » et moi.

Personne ne réagit. Mon corps tangue. Tout a toujours été si complexe depuis que je suis née, si délicat, je n'ai pas l'habitude de la simplicité, des sentiments nus.

— Nous, Juliette, on aimerait te connaître.

Alors je souris. Je souris ainsi pour la première fois. Il n'y a plus de bus. J'existais sans le savoir. J'en suis sonnée, mais c'est une douce mélodie qui m'étourdit. Celle des possibles. J'ai des frères. « De la famille », ils ont dit. Mon père a emporté son secret dans sa tombe, et désormais, la vérité peut vivre. Au-dessus de lui, la lettre de ma mère s'est posée, sans rose ni artifice. Sans plus jamais se cacher. Du moins pour quatre-vingt-dix ans d'un amour éternel dans un cimetière parisien.

Mon amour, un jour, tu es parti fâché et tu m'as envoyé ce poème. Tu m'en voulais pour un rien. En fait, tu nous en voulais à tous les deux de notre lâcheté, de nos limites ou de cette incapacité à exister l'un sans l'autre.

« Tu mérites un amour décoiffant, qui te pousse à te lever rapidement le matin, et qui éloigne tous ces démons qui ne te laissent pas dormir.

Tu mérites un amour qui te fasse te sentir en sécurité, capable de décrocher la lune lorsqu'il marche à tes côtés, qui pense que tes bras sont parfaits pour sa peau.

Tu mérites un amour qui veuille danser avec toi, qui trouve le paradis chaque fois qu'il regarde dans tes yeux, qui ne s'ennuie jamais de lire tes expressions.

Tu mérites un amour qui t'écoute quand tu chantes, qui te soutient lorsque tu es ridicule, qui respecte ta liberté, qui t'accompagne dans ton vol, qui n'a pas peur de tomber.

Tu mérites un amour qui balayerait les mensonges et t'apporterait le rêve, le café et la poésie. »

C'était un poème de Frida Kahlo et tu étais fier d'emprunter les mots d'une femme. Ce poème, je l'ai gardé. Il n'a jamais quitté mon sac depuis. Sache qu'avec toi, j'ai eu peur de beaucoup de choses, mais jamais de tomber, jamais d'être seule. À tes côtés, je me suis sentie belle, précieuse, unique.

Je ne sais pas si je crois au paradis, ni comment je le définirais, mais j'aurais tendance à le décrire comme ton sourire lorsque l'on se retrouvait. J'ai tout aimé de toi, même ce que je n'aimais pas. Peut-être surtout cela. Souvent, nous avons regretté de ne pas avoir fait plus, fait mieux, fait autrement. Je pense aujourd'hui que nous avons fait, et que l'essentiel est là.

Mon Joseph, tu es ma vie, ce pour quoi je me suis battue.

J'ai aimé jusqu'à tes mensonges, j'aime tes rêves, tes cafés, ta poésie.

Je t'aime.

FAUSSE ROUTE

Jessica Cymerman

J' avais huit ans en 1945 lorsque, manquant de m'étouffer quasiment à chaque repas, les médecins me diagnostiquèrent un œsophage en casse-noisettes. Je faisais des fausses routes. À partir de ce jour-là, je dus manger plus lentement que les autres, des purées principalement.

À l'aube de mon existence, ma vie était une fausse route.

*

Je crois qu'on se souvient tous des dates, du temps qu'il faisait et de ce que l'on a mangé les matins des jours où notre vie a été bouleversée.

Quatre fois, ma vie fut bouleversée.

La première, ce fut le 16 juillet 1942. J'avais cinq ans. Dehors, un soleil de plomb venait taper contre la fenêtre de ma chambre. Le matin, j'avais mangé un œuf à la coque et bu un verre de lait.

La deuxième, ce fut vingt ans plus tard, le 19 mai 1962. J'avais vingt-cinq ans. Je ne me souviens plus du temps qu'il faisait ce jour-là, mais je garde en mémoire le show que fit Marilyn Monroe dans une robe sexy à JFK. *Happy birthday, mister President.*

*

Ma mère, Riva Aschenfar, était née en Pologne, à Varsovie, en 1910. Dans la famille de ma mère, la religion juive était au centre de tout. Ses parents étaient ce que l'on appelle aujourd'hui « des religieux ». Ils mangeaient casher, priaient tous les jours et croyaient évidemment en Dieu. Le grand-père de ma mère était même rabbin ! Ils vivaient entre juifs, parlaient yiddish et travaillaient dur, et si le quotidien n'était pas toujours réjouissant, ils gardaient une joie de vivre propre à ceux qui ont l'espoir de jours meilleurs. De ses jeunes années à Varsovie, ma mère avait des souvenirs heureux, baignés d'amour.

La situation devenant inquiétante pour les juifs en Pologne, mes grands-parents maternels décidèrent de s'établir en France, où ma grand-mère avait un frère qui s'était installé à Courbevoie, non loin de Paris, en 1919. De la France, il ne disait que du bien, en vantait la liberté, la nourriture, la musique et le savoir-vivre. La France, selon lui, c'était comme le jardin d'Éden, sans le serpent. Ce fut donc en 1929 que la famille Aschenfar débarqua rue de Strasbourg à Courbevoie. Mes grands-parents travaillaient sur les marchés (Suresnes, Puteaux, Rueil-Malmaison) avec le frère de ma grand-mère.

Ils vendaient des parfums, des produits d'entretien, du persil, du savon, mais aussi des boîtes de conserve, et même du thé et du poivre qui, en 1930, était un produit rare et luxueux. Ils étaient besogneux, avaient en tête de devenir de « bons Français » et remerciaient tous les jours Dieu de les avoir amenés jusqu'à Courbevoie, leur terre promise.

À Varsovie, mes grands-parents et ma mère avaient pris des cours du soir pendant un an pour préparer leur venue. Maîtriser la langue de leur terre d'accueil leur semblait une évidence pour s'intégrer.

Maman parlait donc le polonais, le français, le yiddish et même l'hébreu !

À vingt-deux ans, elle obtint le concours pour devenir professeure des écoles. Elle enseignerait le français, les mathématiques et l'histoire au cours préparatoire. Une juive polonaise, maîtresse dans une école française ! Comme ses parents étaient fiers !

C'est au sein de l'école du boulevard de Belleville que ma mère rencontra mon père, Maurice Vincent, lui-même professeur. Ils étaient nés la même année, mais à des milliers de kilomètres d'écart. Lui avait vu le jour au sein d'une famille française et catholique. La Pologne, ils ne savaient même pas où c'était et les juifs, selon eux, étaient ceux qui avaient tué le Christ. La mère de mon père, sans être réellement antisémite, pensait que les juifs portaient malheur. « Ne t'entoure pas trop de juifs, il t'arrivera malheur », répète-t-elle toute son enfance à mon père, avant d'ajouter : « Regarde Jésus, le pauvre ! » et de conclure d'un signe de croix. Maurice Vincent avait donc grandi avec la croyance que le juif, comme le chat noir ou le miroir cassé, portait malheur. Une sorte de superstition anti-juive.

Pourtant, lorsque celui qui allait devenir mon père rencontra ma mère pour la première fois en septembre 1933, il sut. « C'était inévitable, me racontait-il lorsque j'avais sept ans. Riva irradiait de bonheur, de joie et de gentillesse. Elle était la plus belle femme que j'aie jamais vue. Ses cheveux bruns tirant sur le roux encadraient son visage pâle, et ses yeux bleus étaient posés de part et d'autre de ce nez, le plus magnifique nez qu'il m'ait été donné de voir. Et puis elle sentait bon, ta mère, une odeur discrète de fleur d'oranger. C'était une princesse. »

Durant près d'un an, il tenta de la séduire, mais Riva le fuyait.

Il ne la laissait pas indifférente et chaque fois qu'elle le croisait dans un couloir, elle sentait son cœur tout entier se réchauffer, mais elle ne pouvait pas décemment présenter un « goy » à ses parents. Elle serait répudiée. À chaque tentative de mon père de l'inviter au bal ou à une promenade, à chaque bouquet de fleurs qu'il voulait lui offrir, ma mère partait en courant, comme pour échapper à son destin.

Le matin du 30 juin 1934, Maurice se planta devant Riva, ne lui laissant aucun choix que celui de l'écouter. « Riva, je ne peux imaginer un jour aimer une autre femme comme je t'aime, je t'en conjure, dis-moi que mon amour trouve un écho chez toi », la supplia-t-il. À ce moment précis, Riva fut saisie d'ivresse et ce fut comme un feu ardent en elle, ses joues rougirent et ses yeux brillèrent. Elle balbutia en polonais : « Oui... je crois que je t'aime aussi, mais j'ai peur » avant de saisir la main de Maurice et de la porter à sa bouche. Elle embrassa la main de cet homme avec une tendresse infinie, une tendresse qui voulait dire : « Oui, Maurice, moi aussi, oui, Maurice, mais tout cela n'est pas raisonnable, oui, Maurice, je veux m'offrir à toi, oui, Maurice, je veux fonder une famille avec toi. » Puis, telle Cendrillon qui entend le carillon de minuit, elle partit en courant.

Les deux mois d'été rendirent le début de toute romance impossible. Riva aidait ses parents sur les marchés et Maurice écoutait sa mère lui parler des jeunes filles catholiques qui feraient pour lui de parfaites épouses.

Pourtant, pas un jour ne passa cet été-là sans que Maurice ne rêve de Riva, sans que Riva ne pense à Maurice.

Il lui manquait. Terriblement. Follement. Éperdument.

Elle lui manquait. Effroyablement. Totalement. Passionnément.

Puis arriva la rentrée des classes de 1934. Ils se virent, sentirent leurs cœurs s'emballer, échangèrent timidement un « bonjour ». Il savait qu'elle l'aimait et pourtant elle le fuyait. De quoi avait-elle peur ? « De quoi as-tu peur, Riva ? » lui demanda-t-il. « J'ai peur de moi, j'ai peur de t'aimer trop, j'ai peur car je suis juive », lui avoua-t-elle.

Alors, un jour après l'école, fin septembre 1934, Maurice suivit Riva jusque chez elle, à Courbevoie. Il attendit des heures sous une pluie battante. Six heures plus tard, trempé mais pas découragé, Maurice aperçut Riva ressortir de l'immeuble avec son père. Dieu qu'elle était belle ! Il se planta devant mon grand-père et osa : « Cher monsieur, bonjour, je me présente, Maurice Vincent, je suis professeur des écoles, je vois votre fille, votre merveilleuse fille, chaque matin, et je prie pour que le jour dure plus longtemps afin que la nuit ne me l'arrache pas. J'aime Riva, mais elle me fuit depuis un an. Pourtant je sais, je vous jure que je le sais, cher monsieur, elle est la femme de ma vie. Je la rendrai heureuse. Veuillez excuser ma manière un peu cavalière de vous aborder, mais je… je vous demande la main de Riva. Je l'aimerai comme aucun homme n'a jamais aimé une femme, je la gâterai, je la chérirai et rien ne pourra nous séparer, rien. Je suis même prêt à devenir juif, à prier avec vous, à me convertir, à apprendre le yiddish, l'hébreu, le polonais, les rites de Yom Kippour et du shabbat. Je l'aime. Riva, je t'aime. »

Ma mère manqua de s'évanouir et, s'accrochant au bras de son père comme un petit animal, elle attendit sa réaction, remplie de malaise mais d'espoir aussi.

Mon grand-père resta muet tout au long du discours de Maurice. Il hésitait entre lui mettre une paire de claques, pleurer ou dire oui. Contre toute attente, cet homme juif, polonais, pour qui la religion était un socle non négociable, se tourna vers sa fille : « Et toi, Riva, tu l'aimes ? » Elle devint tour à tour pâle, puis rouge, baissa la tête avant de la redresser et de confesser en chuchotant : « Oui. »

Cet épisode me fut rapporté tant par ma mère que par mon père dans ma prime enfance. Pour moi, ce couple valait tous les princes et toutes les princesses des contes de fées. Mes parents étaient beaux, amoureux, courageux. Un véritable modèle de bonheur.

Riva et Maurice se marièrent à la mairie de Courbevoie le 22 novembre 1934. Mes grands-parents implorèrent ma mère d'être heureuse et d'élever ses futurs enfants dans l'esprit juif.

Le jour de leur union, mes grands-parents paternels prétextèrent une grippe afin d'échapper à ce mariage qu'ils jugeaient déraisonnable.

Ma grand-mère écrivit une lettre à son fils en concluant : « Enfin, tu fais bien ce que tu veux, Maurice, mais n'oublie jamais que les juifs portent malheur. »

*

Riva et Maurice vécurent trois ans de folle passion. Il se racontait que partout où ils passaient, les gens s'arrêtaient, irradiés par leur amour. Il y avait non seulement la beauté de ces deux jeunes gens, leur complicité incroyable, mais aussi leur couple improbable, elle, la juive venue de Pologne n'ayant même pas la nationalité française, lui, le Français catholique né dans la Sarthe à qui ses parents avaient dit de se méfier des juifs. Ils avaient fait fi de leurs origines, de leurs religions, et avaient laissé triompher leur passion !

Et pour sublimer leur union, j'étais né un 14 février, le jour de la fête de l'amour. Ils me nommèrent Jean, comme Jean Gabin, la star du cinéma de l'époque. D'un commun accord entre mes parents, je ne fus pas circoncis. Sur mon corps et dans mon nom, aucune trace de mes racines juives. « C'est dans le cœur que cela se joue », avait dit mon père à ma mère.

Comme il avait eu raison ! Quelques années plus tard, lorsqu'on ficha les juifs et qu'on leur mit une étoile jaune à la place du cœur, personne ne put soupçonner la famille Vincent d'en être. En effet, avec un nom de famille non juif, nul ne savait que ma mère et moi étions des « youpins ».

*

Je garde de cette période de ma vie un souvenir d'absolu bonheur. Mes parents s'enlaçaient, se disaient des mots d'amour et me traitaient comme un roi. « Le roi David », disait ma mère. Mes grands-mères me gardaient à tour de rôle et façonnèrent en moi une double culture dès le berceau. Chez ma grand-mère maternelle, les berceuses en yiddish :

> *« Shlof, kindele, shlof,*
> *Lib is dir dajn tesltunje,*

So lang du bist noch blind
Un du kenst nit undser weltunje. »

« Dors, mon enfant, dors,
Tu te sens bien dans ton berceau,
Tant que tu es encore petit
Et que tu ne connais pas notre monde. »

Chez ma grand-mère paternelle, des chansons françaises : « Au clair de la lune, mon ami Pierrot. »

Nous étions heureux, j'avais deux ans et demi, des joues rebondies et des parents unis. Rien ne laissait présager qu'au pays des droits de l'homme, on assassinerait ma mère.

*

Lorsque la guerre éclata en septembre 1939, ma mère plongea dans une obscure et profonde tristesse. Elle avait peur, elle sanglotait sans cesse. J'avais à peine trois ans et je ressentais sa douleur. « Arrête de geindre, reprends-toi, tu vas inquiéter le petit », lui assénait mon père. Mais ma mère n'y arrivait pas. Elle pleurait chaque jour un peu plus, ne parvenant pas à faire face. « Tu verras, ce qui est arrivé en Pologne arrivera en France, et que ferons-nous ? Je suis juive ! Tu te souviens de cela ? Je suis juive et tout cela finira mal, avec ce Hitler qui nous hait. » Plus ma mère se plaignait, plus mon père s'énervait. *Et quoi,* pensait-il, *personne ne sait qu'elle est juive !*

« Nous sommes la famille Vincent. Tu entends ? La famille VINCENT. Cesse de t'apitoyer. Il ne nous arrivera rien. »

Chaque soir, Riva pleurait et, tout en se balançant dans un mouvement lent et saccadé d'avant en arrière, elle récitait des prières en hébreu. « On avait dit pas de ça, pas de prières. Tu te souviens, Riva ? Reprends-toi. Où est la femme que j'ai épousée ? »

Maurice commençait, dans un coin bien enfoui de sa tête, tout au fond de lui, à considérer que sa mère n'avait pas tort. Les juifs se plaignaient beaucoup et aimaient gémir. Puis, comme secoué brutalement, il se reprenait et s'en voulait terriblement d'avoir eu ce genre de pensées.

Je crois que dès lors, ma mère sombra dans ce qu'on appelle aujourd'hui une dépression. Elle craignait pour ses parents, pour elle, pour son fils et pour son mari. « Tu es fou, tu as pris des risques en m'épousant. Pourquoi es-tu tombé amoureux de moi ? Tu aurais dû te marier avec une Française, une catholique. Ta mère avait raison. Je serai bientôt une source d'ennuis pour toi », répondait-elle à son mari en sanglotant.

Il la prenait alors dans ses bras, l'embrassait et lui jurait que rien ne leur arriverait et que les

Allemands seraient anéantis en moins d'un mois. Et elle avait envie d'y croire.

*

Le 14 juin 1940, j'ai 3 ans. Les troupes allemandes rentrent dans Paris.

Le 22 juin 1940, la France signe le traité d'armistice avec le IIIe Reich. La France est séparée en deux zones.

« Tu vois bien Maurice, je te l'avais dit. Je ne suis plus rien. Je ne peux plus enseigner. On m'arrache chaque jour un peu plus à ce que je suis, à la France, à toi, mon amour. Quitte-moi, tu n'auras que des problèmes », hurle ma mère à mon père le 3 octobre 1940. C'est ce jour-là que le régime de Vichy édicte plusieurs lois sur le statut des juifs. Celles-ci interdisent aux juifs d'exercer certaines professions, notamment celle d'enseignant. Le lendemain, une autre loi prévoit d'enfermer les étrangers juifs dans des camps d'internement. Ma mère a peur. Elle veut retourner vivre auprès de ses parents. Mon père le lui interdit : « Tu restes avec ton mari. D'ailleurs, j'aimerais mieux que tu cesses de voir tes parents, dorénavant. Envoie-leur une lettre, explique-leur que tu ne veux plus les voir jusqu'à nouvel ordre. Laissons les choses se calmer. Tu continueras d'enseigner, personne à l'école ne sait que tu es juive. Mon nom est comme un bouclier, un rempart contre ton arrestation. Tu es ma femme. Sois forte, fais-moi confiance et cesse de te plaindre. Il ne t'arrivera rien, tu m'entends ! »

Mon père commence à avoir peur, mais ne veut pas le montrer à sa femme. Il a épousé une juive, il en assumera les conséquences. « Je vais me comporter comme un *mensch* ! C'est bien comme ça que vous dites chez vous, non ? »

Ma mère continue alors d'enseigner et rompt toute relation avec ses parents, comme le lui a fait promettre son mari. Mon père, quant à lui, voit de plus en plus fréquemment les siens. Son père non plus n'a jamais trop aimé les juifs, et encore moins sa belle-fille qu'il trouve sans intérêt et même plutôt laide. Il lit *Je suis partout* tandis que sa femme, ma grand-mère, vérifie soigneusement chaque semaine si ma mère ne m'a pas circoncis en douce. « On ne sait jamais avec ces gens-là. Elle ne va t'apporter que des ennuis, je te l'avais dit. Quitte-la ! » Ma mère assiste parfois à ces odieux propos sans oser répliquer. Elle comprend ce qui se joue sous ses yeux dans sa propre maison. Aux yeux de la famille de Maurice, elle est et restera la juive qui leur a volé leur fils. La juive qui a crucifié leur fils unique.

Alors, chaque nuit, en essuyant ses larmes, mon père lui jure qu'il ne la quittera pas. « Jamais ? »

implore-t-elle comme une prière. « Jamais », promet-il.

Pourtant, il sent le vent tourner. Il sait que rien ne sera plus comme avant.

Riva est épuisée. La famille restée en Pologne ne donne plus de nouvelles, et l'un de ses cousins a été arrêté en juin 1941 lors de la rafle dite du « billet vert ».

Elle tremble, elle cesse de se nourrir, se désintéresse de moi et, malgré l'amour des débuts, elle ne supporte plus son mari « goy ». Elle lui reproche de ne pas pouvoir comprendre ce que ressentent les juifs. Elle lui reproche aussi de ne pas souffrir dans son corps et dans son sang comme elle. Elle lui reproche d'avoir fait d'elle une femme sans racines, sans identité, l'empêchant de réciter des prières en hébreu et de voir ses parents.

Février 1942, mes grands-parents meurent dans l'incendie qui ravage leur immeuble à Courbevoie. Le poêle qui chauffe la pièce a explosé.

Mon père interdit à ma mère d'aller à leur enterrement. « Personne ne doit savoir que tu es juive, tu te souviens ? » Elle le frappe, hurle, se cogne la tête sur les murs. Il l'enferme dans la salle de bains. Il ne la supporte plus. J'ai presque cinq ans. Je me bouche les oreilles, je ne veux pas entendre les cris de ma mère, je ne veux pas savoir qu'elle est juive, je veux éloigner ma mère de moi.

À partir de ce jour-là, lorsque ma mère crie, mon père la saisit violemment par le bras et l'enferme dans la salle de bains, parfois des nuits entières. Elle est devenue celle qu'il faut faire taire, celle qui irrite. J'entends mon père à travers la porte lui dire : « Je t'aime, Riva, mais je ne peux plus… Je ne peux plus te supporter… »

Ma mère sombre chaque jour un peu plus. Je ne vois plus mon père l'embrasser, je ne l'entends plus lui dire qu'il l'aime. Comment aimer une folle ?

*

Quatre fois ma vie fut bouleversée.

La première, ce fut le 16 juillet 1942. J'avais cinq ans. Dehors, un soleil de plomb venait taper contre la fenêtre de ma chambre. Le matin, j'avais mangé un œuf à la coque et bu un verre de lait.

La veille, j'ai dormi chez mes grands-parents paternels. Ce sont les vacances d'été. L'après-midi, nous sommes allés au jardin du Luxembourg, j'ai mangé une friandise. Au moment de m'endormir, papa vient me border : « Je vais dormir ici, avec toi, mon petit sucre d'orge. Tu laisses une place à ton papa ? » Je lui demande où est maman.

« On s'est un peu fâchés, avec maman. Ça va s'arranger, mais tu sais comme elle est énervée en ce moment. Ce soir, elle est allée au cinéma avec une amie voir *La Symphonie fantastique*. J'ai préféré dormir avec toi. »

Nous avons dormi enlacés, mon père et moi.

Ce fut ma dernière nuit d'insouciance.

Le lendemain, le 16 juillet 1942, à 5 h 30, alors que nous dormions encore, papa et moi, ma mère a été arrêtée chez nous. Sans nous.

Elle a été emmenée au Vélodrome d'Hiver. Les voisins décriront à mon père ses hurlements, ses larmes, sa rage, puis sa résignation.

Au matin du 17 juillet, après une crise d'hystérie, elle se jette sur la piste du Vél' d'Hiv depuis le troisième étage. Elle meurt sur le coup.

C'est ce qui a été rapporté à mon père quelques jours plus tard.

Il n'y eut pas d'enterrement, pas de tombe pour se recueillir. Il n'y eut pas de larmes, pas d'effondrements.

Et puisque ma moitié juive était morte, alors je serais désormais, à partir de juillet 1942, entièrement athée. Pas de nom juif, pas de signe corporel de mon judaïsme, pas de souvenirs.

L'histoire qu'il fallait raconter, c'était celle de Jean Vincent, cinq ans, élevé par un père aimant suite au décès accidentel de sa mère démente.

En 1946, papa se remaria à l'église avec Madeleine Bichot. Ils me firent une demi-sœur, à moi, le demi-juif. On ne parla plus de maman. C'était ainsi.

Mon père m'éleva dans un amour insensé, immense et absolu. Il m'aima comme aucun père n'avait jamais aimé son fils. Il m'aima pour deux, ou comme quelqu'un qui doit se faire pardonner quelque chose.

*

Je crois qu'on se souvient tous des dates, du temps qu'il faisait, de ce qu'on a mangé les matins des jours où notre vie a été bouleversée.

Quatre fois ma vie fut bouleversée.

La première, ce fut le 16 juillet 1942. J'avais cinq ans. Dehors, un soleil de plomb venait taper contre la fenêtre de ma chambre. Le matin, j'avais mangé un œuf à la coque et bu un verre de lait.

La deuxième, ce fut vingt ans plus tard, le 19 mai 1962. J'avais vingt-cinq ans. Je ne me souviens plus du temps qu'il faisait ce jour-là, mais je garde en mémoire le show que fit Marilyn Monroe dans une robe sexy à JFK. *Happy birthday, mister President.*

*

Après mon service militaire, à vingt-cinq ans, j'ai rencontré Alma Bloch.

Alma était fille de déportés et avait été élevée par sa grand-mère qui avait miraculeusement passé toute la guerre en plein Paris, son étoile jaune à la place du cœur, sans se faire arrêter.

Lorsque Alma et moi sommes tombés amoureux, elle a eu la délicatesse de me prévenir : « Je ne pourrai pas t'épouser, Jean Vincent. Je dois à ma famille de me marier avec un Juif. »

J'avais vingt-cinq ans, et tout ce que j'avais su jusqu'à la mort de ma mère, je l'avais oublié. J'avais oublié que ma mère était juive et oublié que ma grand-mère me chantait des berceuses en yiddish. Je n'avais pas su le Vél' d'Hiv, le suicide et les cousins polonais. Je n'avais pas su la peur, la folie et la crainte. Ou sans doute me l'avait-on caché pour me protéger.

Dix-sept ans durant, j'avais mis ma mémoire en apnée, cadenassant cette identité qui était mienne au fond d'un tiroir de mon âme.

Mon père m'avait élevé dans l'athéisme le plus pur et avait tricoté une histoire autour de la mort de ma mère à laquelle j'avais fini par croire.

« Alma, tu vas rire, mais tout Jean Vincent que je sois, je crois que je suis juif. » Elle rit et me répondit que de juif, j'avais déjà l'humour.

*

— Bonjour, madame, je pense être juif, je pense que ma mère a été déportée, mais je n'en suis pas certain.

Au bout du fil, une femme travaillant pour la mémoire des enfants de déportés et apparemment habituée à ce genre de discours me demande les nom et prénom de ma mère, son lieu de naissance et les circonstances de son arrestation.

— Je ne sais pas, je ne sais rien mis à part son nom, Riva Vincent.

Elle me demande de patienter, elle va regarder. J'ai vingt-cinq ans et je ne sais rien de ma mère. Ni son nom de jeune fille, ni son lieu de naissance. Je ne me souviens plus de son visage, de son odeur, de son sourire, de la douceur de ses mains, de ses chatouilles, de ses éclats de rire.

— Riva Vincent, née Aschenfar, épouse de M. Maurice Vincent ?

— Oui, c'est cela.

— Je n'ai pas grand-chose sur elle. C'est votre mère ?

— Oui.

— Riva Vincent est née en 1910 ou 1912 à Varsovie. Elle est arrivée en France à Courbevoie en 1929. Arrêtée lors de la Rafle du Vél' d'Hiv, elle…

— Oui, je vous écoute.

— Elle s'est suicidée le 17 juillet 1942 au Vélodrome d'Hiver. Vous pouvez passer prendre ces documents aux horaires d'ouverture du lundi au vendredi.

— Madame, qui a dénoncé ma mère ?

— Ce n'est pas écrit. En général, c'est une gardienne d'immeuble, un voisin, un membre de la famille, même. Bon courage, monsieur.

Assis à mon bureau, le téléphone en main, je regarde Alma qui a écouté toute la conversation à travers l'écouteur. Elle me caresse l'épaule.

— La bonne nouvelle, c'est que tu vas pouvoir m'épouser, lâche-t-elle dans un soupir.

À cet instant, je sais que mon père, mon père chéri, mon héros, mon maître, mon vainqueur doit parler.

*

19 mai 1962

Maurice est assis dans son fauteuil en cuir vert. Lorsque j'entre dans son salon, il ne relève même pas le visage de son journal. Chaque jour, il guette mon arrivée. Chaque jour, je lui rends visite et, ensemble, nous refaisons le monde, discutant tour à tour de de Gaulle, des Beatles ou de l'Algérie. Maurice a cinquante-deux ans, mais ses traits sont déjà ceux d'un vieillard. Sa femme, Madeleine, est morte en 1956 d'un cancer foudroyant et il élève seul ma demi-sœur.

Dans le silence de son salon, je n'ose prendre la parole. Habituellement, je suis celui qui entame la conversation.

— Tu vas bien, mon fils ? demande-t-il en relevant à peine les yeux de son journal.

— Papa, pourquoi tu ne m'as jamais dit que maman était juive ?

Le père regarde le fils. Maurice regarde Jean.

Il ôte ses lunettes, plie son journal en quatre et le pose sur la table basse en verre fumé. Il se racle la gorge et tend ses mains vers son fils. Ce jour-là, il l'a attendu pendant vingt ans.

— Viens t'asseoir près de moi, Jean.

Je m'exécute. J'ai toujours obéi à mon père, je n'ai pas de raison de commencer à lui désobéir à vingt-cinq ans. Je connais mon père, je l'aime infiniment et je lui voue un respect immense. Après tout, c'est lui qui m'a élevé, qui a été à la fois père et mère et qui m'a enseigné tout ce que je sais de la vie.

— Ta mère était juive. Elle était née en Pologne en 1910 et avait émigré en France, à Courbevoie avec ses parents, des gens merveilleux, se lance-t-il, la voix tremblante. Riva Aschenfar. Une beauté, la plus belle femme du monde. Nous nous sommes rencontrés à l'école du boulevard de Belleville où elle enseignait comme moi. Elle était juive, moi pas. Nous nous aimions follement. J'ai osé demander sa main à ton grand-père qui a accepté. Puis tu es né et nous avons décidé, ta mère et moi, de ne pas te faire circoncire. La seule religion de notre foyer était l'amour.

J'écoute cet homme me parler d'une vie qu'il m'a jusque-là cachée. J'assiste, étourdi, à la genèse de mon existence au travers de ses souvenirs.

— Et puis ? Que s'est-il passé ?

— La guerre, la mort de tes grands-parents dans un incendie en 1941. Ta mère avait peur, elle se détachait de nous pour sombrer peu à peu dans une folie paranoïaque. Elle pensait que je ne l'aimerais plus, elle craignait de se faire arrêter. Elle hurlait souvent. Nous avons commencé à nous disputer et, je crois, à moins nous aimer.

Je lâche la main de mon père, j'imagine cette femme, ma mère, cédant à la démence. Des cris me reviennent soudain, la salle de bains, mon père qui l'enferme et son odeur aussi, cette douce odeur de fleur d'oranger. Je la vois, elle, la juive polonaise, orpheline, la peur au ventre, la mort à ses trousses.

Mon père reprend.

— Elle était folle, Jean. Ta mère était devenue hystérique. J'étais désemparé. Elle hurlait, gémissait, me frappait, s'enfermait à clé. Je craignais pour toi, mon chéri.

— Qu'as-tu fait, papa ? Qu'as-tu fait à ce moment-là ?

Je hurle, maintenant. La folie dont ma mère a ressenti les sursauts, vingt ans plus tôt, happe mon corps et mon esprit.

Mon père, mon héros, enfonce sa tête dans ses mains dont la peau est déjà fine comme celle des vieillards. Je vois ses veines se gonfler au rythme des battements de son cœur. Il a chaud. Son regard m'implore.

— Pardonne-moi, Jean. J'ai eu peur. Ta mère n'était plus celle que j'avais connue et aimée. Je craignais pour ta vie. Ma mère me disait qu'elle nous porterait tous malheur. Riva allait nous faire tous arrêter. Elle hurlait dans les rues qu'elle était juive et était même allée jusqu'à se dessiner une étoile juive sur le front. J'ai eu peur.

— Papa… Qu'as-tu fait ? Réponds-moi. Réponds-moi !

Je suis debout, mon père est recroquevillé comme un petit garçon.

Il chuchote, il hésite, il pleure. Il a peur.

— Oh mon Dieu, Jean. Mon Dieu ! Un copain policier m'avait prévenu qu'une rafle aurait lieu le 16 juillet. J'ai… j'ai dénoncé ta mère. Le soir du 15 juillet, je suis allé dormir avec toi chez mes parents. Je t'ai serré contre moi toute la nuit. Ta mère a été emmenée au Vél' d'Hiv le 16 juillet vers 6 heures du matin. J'ai appris le lendemain qu'elle s'était suicidée. J'ai fait ça pour toi Jean, tu m'entends. Pour toi. Toute ma vie j'ai voulu te protéger, te sauver. Ta mère était perdue et hystérique. J'ai dénoncé ma femme. Mon Dieu. Je n'avais pas le choix.

*

Je crois qu'on se souvient tous des dates, du temps qu'il faisait et de ce que l'on a mangé les matins des jours où notre vie a été bouleversée.

Quatre fois, ma vie fut bouleversée.

La troisième, ce fut le 12 septembre 1964. J'avais vingt-sept ans. Il pleuvait ce jour-là lorsque, à la Synagogue de la rue des Tournelles à Paris, j'épousai Alma. Monsieur et madame Aschenfar.

Le matin, j'avais mangé un œuf au plat et bu un café serré.

La quatrième, ce fut le 22 novembre 1967. J'avais trente ans. Les feuilles tombaient des arbres et un froid saisissant enveloppait Paris. Maurice Vincent fut enterré. Ni fleurs, ni couronnes, ni fils à ses funérailles.

Le matin, j'avais mangé un œuf dur et bu une vodka. *Lehaïm !*

DEMAIN LE MAUVE

Mélissa Da Costa

Le téléphone a sonné l'autre jour. J'ai décroché. La voix de Maman à l'autre bout était brisée.

— Brigitte est morte.

Il m'a fallu me creuser les méninges quelques instants. Brigitte. J'ai revu une masse de cheveux bouclés, noir de jais, et des yeux rieurs, noirs aussi, sans savoir d'où ce souvenir provenait. Brigitte, Brigitte… Une voix rocailleuse, comme une voix de fumeuse. Une sortie d'école. Un après-midi au parc. C'est flou. Je ne sais plus.

— Elle nous a accompagnés à l'enterrement de Papa, tu te souviens ?

Je grimace. Impossible pour moi de convoquer ce souvenir sans avoir l'impression d'avaler du gravier. Le corbillard qui patinait dans la boue. La pluie. Les costumes noirs des porteurs funéraires trempés. L'eau qui dégoulinait dans la fosse, gorgeait la terre. « Il va prendre froid avec ses vêtements mouillés. » Maman m'avait tapé le bras. « Tais-toi, bon sang ! » Brigitte était là. Grande femme dans un manteau gris. Elle avait passé une main derrière ma nuque. J'avais retenu mes larmes.

— Oui, je crois que ça me revient.

Maman a conservé le silence à l'autre bout du fil.

— C'était une amie ?

Elle n'a pas répondu à ma question. À la place, elle a demandé en retenant sa respiration :

— L'enterrement a lieu demain. Tu m'accompagnes ?

Bien évidemment, j'ai accepté.

Maman n'a que moi. Sur cette Terre, elle n'a plus que moi. Papa est décédé quand j'avais sept ans. Il était ferrailleur, mais quand j'étais petite, je disais « fier ailleurs ». J'étais dans le vrai, sans le savoir. Papa était tout gris, tout décoloré, voûté, en permanence plongé dans ses pensées. Certains diraient taiseux pour faire joli. J'étais dans le juste : il aurait été fier ailleurs. Fier et beau, bien droit. Mais pas avec nous. Je ne sais pas ce que nous lui avions fait, Maman et moi. Il ne nous parlait jamais, ou si peu. Il rentrait du travail et il prenait sa douche, passait un jogging, un sweat décoloré. Il s'installait devant la télévision, montait le son. Encore aujourd'hui, quand je pense à Papa, je pense à son dos devant la télévision. Je faisais mes devoirs à quelques pas de lui, à la table ronde, mais jamais il n'est venu se pencher sur mes cahiers. J'étais transparente. Il se fondait dans le canapé, à tel point que nous oubliions qu'il était là la plupart du temps. Jusqu'à ce qu'il tousse ou se racle la gorge.

C'est difficile de savoir comment s'habiller à l'enterrement d'une inconnue. Une robe noire. Classique. Ni trop austère, ni trop élégante. Pour les chaussures, une paire de bottines noires aussi. N'est-ce pas trop, tout ce noir ? Je fais glisser entre mes doigts le tissu de mes différents foulards. J'opte pour une étoffe bordeaux. Pour mes cheveux, ensuite, je n'hésite pas trop longtemps. Un chignon. C'est sobre. Impersonnel. Que portais-je à l'enterrement de Papa ? C'était Maman qui s'était chargée de ce genre de détails. Je crois que j'étais vêtue d'une robe et de collants sombres. Sans doute des bottes, il pleuvait à verse.

Je dépose les vêtements choisis sur mon lit, lisse les plis de la robe. C'est une journée de printemps, bien différente de celle où nous avons enterré Papa. Pourtant la perspective de cette cérémonie, de cette mise en bière, ne cesse de me ramener à la sienne.

Je me souviens de Maman ce jour-là, si tendue, si rigide. Je ne lui avais jamais vu les traits si marqués. Une statue de cire. Effrayante. Surtout, je me rappelle la douceur qui était revenue sur ses traits quand nous avions franchi la porte de la maison, retrouvé notre intérieur, sa pénombre douce, son odeur de citron qui flottait en permanence à cause du détergent que Maman utilisait. Elle avait ôté sa veste et c'était comme si elle se débarrassait d'une tonne d'autres choses. Les premiers mots qu'elle avait prononcés ce jour-là étaient :

— On va se débarrasser du canapé.

Maman avait refait le salon à neuf, ainsi que sa chambre. Elle avait effacé toute trace de Papa ici, sauf la photographie dans l'entrée. Un portrait d'eux deux lors de leur mariage. Maman était jeune et jolie. Des cheveux cuivrés, un teint diaphane, les épaules fragiles et délicates dans son bustier. Elle avait ce je-ne-sais-quoi de mélancolique dans le regard que je lui avais toujours connu. Papa avait les cheveux coupés court et l'air rieur, deux fossettes improbables sur les joues. Il tenait la petite main de Maman dans la sienne. Cliché d'un bonheur éphémère.

Enfant, avant que Papa ne meure, je passais déjà des heures devant cette photographie, me demandant ce qui avait pu arriver à Papa pour qu'il devienne si triste. J'en étais arrivée à une conclusion : c'était moi. J'étais le grand malheur de Papa. La preuve : ils n'avaient pas eu d'autres enfants. Une erreur. Cela avait suffi à l'anéantir.

Je n'ai que des vêtements sombres dans ma penderie. J'en fais le constat en refermant la porte de mon armoire, mon foulard bordeaux entre les mains. Pantalons, chemisiers, pulls déclinés dans un camaïeu de tristesse : gris olive, anthracite, pétrole, vert bronze, mousse, bouteille, brun café-au-lait, bistre, orange rouille, noir bitume. Bon sang, je me filais le bourdon rien qu'en le réalisant. Avais-je toujours été si morose, si mélancolique ? D'aussi loin que je m'en souvienne, oui. Je tiens cela de Papa, probablement. Il a déteint sur moi. Sur Maman aussi, un peu, même si de temps en temps, une éclaircie vient l'éclairer, lui redonner l'éclat de ses vingt ans. Maman est couleur ciel changeant. Papa et moi sommes couleur grisaille.

Alexandre, avec qui je vis, dit de moi que je suis ténébreuse. C'est une façon élégante de dire sinistre. Alexandre est jovial, simple, heureux sans raison.

— Pourquoi faudrait-il une raison ? m'a-t-il lancé l'autre jour.

Il est instituteur. Il adore son métier, les enfants. Un jour, il en voudra de moi. Moi je ne crois pas que j'en aurai envie. J'aurais trop peur qu'à mes côtés, ils ne décolorent. Je suis comme Papa, je suis une malédiction.

À force de s'obscurcir, Papa a décidé de ne faire qu'un avec les ténèbres. Un matin, alors que Maman m'amenait à l'école, il a passé une corde à la poutre du garage et il est parti. Il n'a rien laissé pour personne, ni un mot, ni une tasse sale, ni quelques miettes. Il a débarrassé la table de son petit déjeuner, a tout mis au lave-vaisselle et lancé le programme lavage à 50 °C. Même ses chaussons, il les a rangés dans le petit meuble de l'entrée. Papa est parti comme un inconnu qui n'aurait jamais vécu ici.

*

Maman m'attend à la porte de la maison. Elle est belle, élégante comme si elle se rendait à un rendez-vous galant. Elle porte une robe noire avec une fine broderie qui dévoile son cou et le haut de ses épaules. Elle a glissé une rose noire dans ses cheveux cuivrés et deux petits anneaux dorés à ses oreilles. Cela fait des années que je ne l'ai pas vue si apprêtée, et je m'aperçois qu'elle n'a rien perdu de sa superbe. Elle est aussi douce et déli-cate que sur son cliché de mariage, avec la même mélancolie pleine de tendresse au fond des yeux. Quand elle monte à l'avant, du côté passager, l'habitacle s'emplit d'une subtile fragrance florale. Rose musquée.

— Tu es belle, Maman, dis-je.

Elle sourit, pose une main sur mon genou.

— Merci, ma puce.

Puis nous démarrons.

Nous sommes en avance à la messe. Le petit faire-part de décès que Maman tient entre ses mains tremblantes indique que Brigitte Capre est décédée le 6 mai, il y a de cela quatre jours, et que la cérémonie religieuse sera donnée ce jour à 15 heures. Nous avons une demi-heure à patienter. Le faire-part est signé du frère de Brigitte.

— Elle n'a pas eu d'enfants ? j'interroge.

— Non.

Cela me file le bourdon de me dire que ce sera un enterrement de vieux. Son vieux frère, ses très vieux parents, oncles et tantes. Pas de jeunesse. Pas de spontanéité. Pas de gosses qui ont des gosses, qui projettent de se marier, de construire une maison, d'acheter un SUV plus grand. Pas de mômes qui braillent pendant la messe, qui bavent sur un hochet, qui sautent à cloche-pied sur le parvis de l'église. Elle ne laissera rien derrière elle, et cela me renvoie à mon propre enterrement. Sera-t-il aussi sinistre ? Alexandre m'aura-t-il quittée pour une vraie femme, une vivante qui rit et qui rêve de voir son ventre s'arrondir ?

J'ai le cafard. Les jours d'enterrement sont toujours lourds même au printemps, même quand on ne connaît pas la morte.

— On pourrait prendre un café en attendant, suggère Maman.

Elle me désigne un petit troquet qui fait l'angle avec le cimetière. Une devanture rouge délavée. Une terrasse vide.

— D'accord.

Nous sortons de la voiture. Maman ne lâche pas le petit carton d'invitation, elle le serre contre sa poitrine, comme s'il s'agissait d'un grigri ou d'un souvenir très précieux. À la terrasse, nous nous installons et nous commandons un thé blanc au jasmin pour Maman, un café serré pour moi.

— Ça va ? me demande Maman comme nous attendons nos boissons.

— Oui.

— Alexandre va bien ?

— Oui.

J'aperçois un coin de papier glacé qui dépasse du faire-part que Maman a fini par poser sur la table entre nous. Le coin d'une photographie.

— C'est quoi ?

Elle fait glisser le cliché vers moi. Il est légèrement jauni. De belles teintes orangées. On y découvre deux jeunes filles dans la fleur de l'âge, qui se tiennent par la main comme toutes les jeunes filles de dix-huit ans. Elles portent des shorts à fleurs colorées et de larges débardeurs blanc écru. Brigitte, avec sa lourde chevelure bouclée et noire, adresse un signe de main au photographe. Elle dévoile ses jolies dents blanches et son nombril. Elle respire quelque chose de frais, de libre comme une brise d'été. L'autre jeune fille, Maman, a noué ses longs cheveux raides en une tresse, ramenée sur l'épaule gauche. Elle a coincé une fleur entre ses mèches cuivrées qui renvoient le soleil. Une rose rouge. Intense. Elle est belle, elle aussi. Elle respire un parfum épicé et chaud. Comme la noix de muscade ou le bois de cannelle. Je n'en reviens pas de voir Maman si solaire.

— Je ne savais pas que c'était une si vieille amie.

Maman ne répond rien. Ses yeux se perdent sur le papier glacé.

— Je n'ai pas beaucoup de souvenirs d'elle, dis-je. Elle est venue me chercher à l'école quelques fois avec toi, non ?

— Oui.

— Vous vous êtes perdues de vue ?

Maman confirme. Ses doigts triturent le cliché, nerveusement. Une certaine tristesse a envahi son visage.

— Tu l'aimais beaucoup, je constate.

Le serveur revient, dépose les boissons devant nous, et pendant quelques instants, nous ne disons plus rien. Nous restons toutes les deux, à tourner nos cuillères dans nos tasses et nos pensées dans nos têtes. Quand Maman parle, elle revient à Brigitte :

— Je ne sais pas ce que je préférais chez elle. Le fait qu'elle n'enferme rien en elle, je crois. Elle était incapable de retenir quoi que ce soit : ni ses rires, ni ses jurons, ni ses pensées. Tout sortait comme ça, tel que, elle était un tourbillon. C'était déstabilisant autant que grisant.

— Comment tu l'as connue ?

— Elle venait chez mes parents les mercredis. Elle faisait le ménage chez eux pour payer ses études. Moi, j'étais encore au lycée. Elle avait deux ans de plus que moi. Elle me paraissait tellement libre !

Les yeux de Maman se perdent sur la rue, les arbres en fleurs. Elle soupire.

— Je te raconte ?

— Avec plaisir.

Alors, à la petite terrasse du café balayée par un vent printanier, Maman m'entraîne avec elle du côté de la maison familiale, pendant son année de terminale. La maison plongée dans la pénombre et le silence. L'odeur de cire du parquet, de bois des vieux meubles. Le bruit de la lourde pendule de bois brut dans le salon. Son père est au cabinet dentaire. Les rendez-vous s'enchaînent jusqu'à tard dans la soirée, chaque jour. Sa mère est chez le coiffeur, chez le fleuriste, chez le bouquiniste, n'importe où pourvu que ce soit hors de cette maison qu'elle déteste. Trop de silence, trop de poussière et de souvenirs dans les placards. C'est une maison héritée de sa belle-famille, qui a connu autant de morts que de naissances, autant de drames silencieux que de joies.

— Ça marque les lieux, prétendait-elle.

Maman, Patricia de son prénom, traîne entre les murs, rôde comme une ombre. Elle s'ennuie ici, elle s'y est toujours ennuyée. Elle non plus n'aime pas cette maison, à part le jardin. Elle aime ses vieilles dalles en pierre qui chauffent au soleil, l'odeur de la glycine grimpante au printemps et l'ombre du tilleul centenaire.

C'est là, précisément, qu'elle rencontre Brigitte la première fois : sous le tilleul. Brigitte y est adossée. Le balai gît contre le salon de jardin en fer forgé. Brigitte a laissé tomber son tablier et ses gants en latex. Elle est là, nonchalante, contre le tronc, en train de s'allumer une cigarette, les yeux mi-clos. Ses boucles dégoulinent en cascade dans son dos. Elle est belle et pleine de langueur. C'est Patricia qui recule, gênée. C'est pourtant elle qui habite la maison et c'est Brigitte qui devrait être en train de nettoyer les sols. Mais c'est Patricia qui bredouille :

— Désolée.

Et l'autre qui lui sourit, l'air de dire « C'est rien ».

— T'es la fille du dentiste ?

Elle la fixe de ses grands yeux rieurs en recrachant sa fumée.

— Oui.

— Ta mère elle fait quoi ?

— Comment ça ?

— Comme travail.

— Ah… Rien.

Brigitte souffle une longue volute.

— Ça doit être chouette d'être riche.

Patricia ne répond rien. Comme si elle méditait sur la question.

— Tu crois qu'elle trompe ton père ?

C'est Brigitte qui fume, mais c'est Patricia qui tousse, s'étouffe.

— Quoi ?

— Ça fait trois semaines que je viens et elle n'est jamais là. Elle est dehors tout l'après-midi. Quand elle revient, elle est toute guillerette.

Patricia ne s'est jamais posé la question et elle n'a pas envie de se la poser aujourd'hui.

— On s'en fout de mes vieux, lance-t-elle avec une certaine dureté.

Et l'autre, surprise un instant, semble finalement apprécier la repartie. Elle jette son mégot.

— T'as raison. Tu m'aides à finir les sols ? À deux, ça ira plus vite. Après je te montre un truc !

— C'est comme ça que je me suis mise à faire le ménage avec Brigitte, dit Maman à la terrasse.

Un sourire plein de tendresse a illuminé son visage.

— Chaque mercredi, je l'aidais. En réalité, je frottais et elle parlait. C'était un vrai moulin à paroles. Elle étudiait les langues en ville. Elle voulait devenir interprète. Elle fantasmait sur une carrière dans les ambassades, elle côtoierait les familles royales, les présidents et princes du monde entier. Elle imitait les dirigeants, leurs manières distinguées, leur façon de parler guindée. Elle était pleine de vie, si volubile. Je ne crois pas que j'avais déjà connu la maison si joyeuse ! Quand on avait terminé le ménage, on sortait dans le jardin. Elle m'offrait une cigarette et m'apprenait à inhaler sans tousser. Elle me montrait les gestes pour fumer en société, disait-elle, pleine de grâce et de séduction. Je crois qu'au fond, elle ne se prenait pas au sérieux, pour rien, ni pour sa carrière dans les ambassades, ni pour quoi que ce soit d'autre. Elle voyait la vie comme un jeu, et moi, tellement encombrée dans mon existence bien morne entre la maison et le lycée, j'étais pleine d'admiration.

Elle boit une gorgée de son thé blanc.

— Qu'est-ce qu'elle voulait te montrer ce jour-là, le jour où tu l'as rencontrée ?

Maman sourit à l'évocation de ce souvenir.

— Elle avait trouvé un tas de vieilles photos dans la chambre de mes parents. Elle prétendait qu'elle était tombée dessus en faisant la poussière. Tu parles ! Elle fouillait partout sans une once de culpabilité. Elle s'extasiait devant les clichés des années 1930. Des aïeux que je n'avais jamais connus, côté paternel. Des hommes à moustache, posant dans de lourds fauteuils avec leur canne. Des dames à l'air sinistre, dans des robes sombres avec des chapeaux tricornes. Brigitte trouvait ça merveilleux et ridicule à la fois. Elle clamait qu'elle n'aurait pas pu vivre à cette époque car le bonheur était interdit. Elle n'aurait pas pu être aussi maussade, elle. On l'aurait pensée folle. On l'aurait enfermée. On a rangé la boîte cet après-midi-là, mais on l'a ressortie une ou deux fois, les mercredis de pluie, quand on n'avait rien de mieux à faire.

Une nouvelle gorgée. Un sourire lointain qui ne s'adresse pas à moi.

— Elle est vite devenue ce qui s'apparentait à une meilleure amie. Chaque mercredi était une fête, un jour à part, hors du temps. Je cochais les cases sur mon agenda, inlassablement, attendant de la voir débarquer le mercredi. Elle ramenait de la ville des bouteilles d'alcool, des nougats, des cartes à gratter pour tenter de gagner au loto, des rouges à lèvres. Nous volions les robes de ma mère et nous amusions à défiler avec, dans le couloir du rez-de-chaussée. Avec des bas, des escarpins, des colliers de perles. Comme des dames. Avec elle, je prenais vie.

Maman se tait. Elle baisse les yeux. Pudeur passagère. Je fixe le cliché jauni au centre de la table. Elles brillent. Toutes les deux. Celle qui adresse un coucou au photographe et l'autre, ma mère, une main ramenée derrière le dos en signe de timidité, mais les lèvres entrouvertes en un rire spontané.

— Je ne t'ai jamais vue ainsi avec Papa.

Un tic nerveux traverse son visage.

— Ainsi comment ?

— Spontanée, heureuse.

— Tu n'en sais rien. Tu ne te souviens pas ! réplique-t-elle durement.

— Tu le défends toujours…

Maman secoue la tête, pose un regard sévère sur moi.

À une centaine de mètres de là, sur le parvis de l'église, une foule commence à se constituer. Des voitures s'arrêtent, déversent des flots d'hommes et de femmes en noir, repartent se garer dans les rues parallèles. Le corbillard s'arrête et Maman repose brutalement sa tasse sur la table.

— Nous devrions y aller.

*

Les talons de Maman claquent sur les dalles disjointes du cimetière. Nous sommes en fin de procession, après la famille, les amis. Nous sommes parmi les connaissances. Maman n'a pas prononcé un mot pendant la messe, pas lâché la photographie ni le faire-part de décès. Elle a chanté avec tout le monde, s'est levée, assise, mais elle n'a pas quitté du regard le cercueil. J'ai tenté de convoquer quelques souvenirs de Brigitte. La seule image qui m'est venue est le souvenir d'un après-midi de fièvre. La grippe. Ma chambre plongée dans la pénombre. Les rideaux rose dragée à ma fenêtre. Un bris de verre dans la maison. Et c'est tout. Rien d'autre ne me vient. Pas la moindre image de Brigitte. Pourtant je suis certaine qu'elle était là, ce jour de grippe. Ce doit être enfoui trop profondément dans ma mémoire…

Nous nous arrêtons un peu en retrait. Maman me touche le poignet pour m'indiquer de ne pas avancer davantage. Malgré le groupe qui se masse autour de la fosse, nous voyons le cercueil descendre avec un système à poulie. Le frère prononce quelques mots. Tous baissent la tête, se recueillent. Tout à l'heure, pendant la messe, le prêtre a expliqué que Brigitte avait eu une belle carrière de traductrice dans le monde de l'édition. Il a cité quelques ouvrages d'écrivains anglais et irlandais qu'elle avait traduits. Aucun ne m'a évoqué quelque chose, mais j'ai songé qu'elle avait raté son rêve : travailler dans les ambassades. Je me trémousse, mal à l'aise. C'est étrange d'assister à l'enterrement d'une inconnue, d'essayer de reconstituer sa vie à travers quelques détails.

Quand la foule se disperse, Maman me saisit la main.

— On va s'asseoir là-bas ?

Elle me désigne le jardin du souvenir où se trouvent des bancs en pierre et de jolis parterres de fleurs. Elle n'a pas envie de rentrer tout de suite. Nous prenons place, Maman arrache une violette qu'elle me glisse dans les cheveux en souriant.

— Pourquoi tu ne souris jamais ? me demande-t-elle. Tu es si belle quand tu souris.

— Je crois que je suis comme Papa.

— Qu'est-ce que tu veux dire ?

— Il était malade… Non ?

Le regard de Maman me fuit.

— Alexandre dit qu'il était sans doute malade. Dépressif. Bipolaire. Quelque chose dans ce goût. Pourquoi il n'a jamais consulté ?

Maman se tasse sur son banc. J'insiste :

— Je suis peut-être comme lui.

— Pourquoi tu dis ça ?

— Mon spleen. Mes papillons noirs.

Maman s'affaisse tout à fait, ses traits semblent fondre.

— Un jour, peut-être que je ferai subir la même chose à Alexandre, peut-être que je disparaîtrai.

Elle se met à tousser, penchée en avant, elle semble vouloir faire sortir quelque chose d'énorme d'elle, de sa poitrine, de son cœur. Quand elle se redresse, elle me semble fragile, vacillante comme la flamme d'une bougie.

— Ton père n'était pas malade. Ou malade d'amour. Malade d'être mal aimé.

— Tu lui trouves des excuses, Maman. Tu ne peux pas t'accabler de ses maux !

Elle ne répond pas. Et dans ses yeux qui errent dans le cimetière, je lis de la culpabilité, une culpabilité à éteindre la lumière au fond de n'importe quel iris.

— C'est moi qui ai tué ton père. Je ne l'ai jamais dit à personne. Toutes ces années.

— Quoi ? Qu'est-ce que tu dis ? Arrête tes bêtises.

— C'était Brigitte. C'était elle. Ça n'a jamais été qu'elle.

— Qu'est-ce que…

— Elle était mon rayon de soleil.

Je ne vois plus les myosotis, les narcisses, les tulipes. Je vois à peine Maman. Seules les jeunes filles de la photographie envahissent mon esprit à cet instant précis. Brigitte et ses boucles brunes, ses canines blanches adorables, son ventre nu.

La main de Maman dans la sienne. Leur lumière étincelante.

— C'est arrivé comme ça, un jour de printemps… Brigitte m'a habillée avec les vêtements de ma mère. C'était un de nos jeux favoris. Je portais une longue robe rouge de bal et des escarpins trop grands. J'étais mal à l'aise dans une tenue si élégante. Je lui ai demandé de m'imiter, de choisir une tenue dans l'armoire, mais elle m'a dit de fermer les yeux. Je l'ai entendue partir, revenir, faire cogner les cintres contre la penderie. Puis quand j'ai eu droit d'ouvrir les paupières, je n'ai pas vraiment compris. Elle portait un costume de mon père. Un de ses trois-pièces gris réservé aux dîners entre dentistes. Elle avait caché ses cheveux sous un chapeau fedora et elle tenait au bout de ses doigts une fleur qu'elle avait cueillie dans le jardin. C'était une anémone rouge. Je m'en souviendrai toute ma vie. Elle l'a glissée derrière mon oreille comme je viens de le faire pour toi. Elle a déclaré : « Viens, on ne défile pas aujourd'hui. On danse ! » Elle a mis la musique dans le salon. Une valse. Nous ne savions pas danser, ni l'une ni l'autre, mais elle a saisi ma taille, fermement, et ma main. Elle m'a entraînée avec elle. Nos pas étaient désordonnés, désaccordés, mais ça n'était pas important à ce moment précis. Ce qui comptait, c'était à quel point elle faisait battre mon cœur dans cette tenue qui abolissait tous les interdits. Elle était un homme. Le temps d'une chanson. Et quand les notes se sont tues, elle a frôlé de ses doigts mon anémone et elle m'a demandé si elle pouvait m'embrasser.

Maman détourne le regard au loin, vers la grille du cimetière. Ses joues s'empourprent.

— C'est arrivé comme ça... répète-t-elle à voix basse.

Les employés municipaux ont presque terminé de reboucher le trou. Ils s'essuient le front, se font passer une bouteille d'eau, se désaltèrent. Maman cherche ses mots ou son courage, je ne sais pas trop. Je n'ose la brusquer. Je ne sais pas si je saurai porter ce secret. Puis, un vent frais nous balaie et les mots arrivent :

— Je n'ai jamais rien vécu d'aussi intense ni d'aussi romantique depuis. Ce baiser et puis tous ceux qui ont suivi.

Ses mains se joignent l'une et l'autre. Elles tremblent.

— Elle est devenue indispensable, essentielle, le centre de mon univers. Je l'ai aimée plus que je n'ai aimé personne sur cette Terre... Sauf toi.

Nous marchons dans les allées du cimetière. Maman l'a proposé. Je comprends qu'elle a besoin de mouvements pour apaiser ses pensées, ses souvenirs. De temps en temps, au détour d'une pierre tombale, quelques mots s'échappent d'entre ses lèvres :

— La maison était redevenue étrangement silencieuse le mercredi. Plus de rires ou de défilés. Une oreille aguerrie aurait reconnu les murmures, les frôlements, les soupirs, les promesses.

La gêne l'arrête toujours. Elle se tord les mains, fixe le sol avec cet air coupable, terrifié presque. Mais les mots parviennent toujours à se frayer un chemin, et elle poursuit :

— J'astiquais la maison de fond en comble avant l'arrivée de Brigitte, je traquais la moindre poussière. Rien ne devait être laissé au hasard, tu comprends. Chaque minute devait être sauvée, préservée. Pas question de les perdre en tâches domestiques. Quand Brigitte passait la porte, je basculais dans une autre dimension. J'étais ainsi : fissurée en deux, double, déchirée. J'étais une jeune femme le mercredi et une tout autre le reste du temps.

Un soupir à peine audible.

— Chaque mercredi, Brigitte glissait une fleur dans mes cheveux. Quand l'hiver s'est installé, elle a pris l'habitude de passer chez le fleuriste pour dénicher des hellébores ou des daphnés qu'elle passait entre mes mèches. Elle disait que chacune de ces fleurs représentait un jour de plus dans mes bras. Comme la fleur, ces instants étaient beaux, mais fragiles. Éphémères. Elle savait que je n'avais pas les épaules pour aimer une femme.

— Comment ça ?

— Elle n'avait jamais su garder quelque chose pour elle. Elle ne voulait pas d'une demie vie, une vie dans le secret, entre quatre murs, volets fermés. Moi si. Ça me suffisait. Je n'aurais pas pu lui offrir davantage.

— Qu'est-ce qui s'est passé ? demandé-je doucement, pour ne pas la brusquer.

— Rien. Tout. Une lâcheté ordinaire. Rien de très original.

Je la fixe sans comprendre.

— Il y a eu ce baiser que je lui ai refusé en pleine foule, à la fête foraine du village, puis ce silence au téléphone, cette hésitation à prononcer le « je t'aime » alors que mes amis étaient à côté de moi. Elle s'agaçait. Elle devait partir faire ses études dans la capitale. Je lui ai dit que je ne la retenais pas. Je pensais qu'en l'éloignant de moi, tout redeviendrait comme avant. Cette idée me soulageait presque. Je n'étais pas prête à sortir du chemin…

— Ça n'a pas été le cas ? Rien n'est redevenu comme avant ?

— J'ai tout fait pour l'oublier. Il y avait ce grand frère d'un de mes amis qui craquait pour moi. Tout le monde le savait. C'était un sujet de plaisanterie récurrente. Il était timide, d'une timidité maladive.

— Papa ?

— Lui-même.

Un silence. Je prends conscience de ces révélations. Papa le pansement. Le remède à Brigitte. Papa l'amoureux par défaut. J'ai mal au ventre. Envie de vomir.

— Il rougissait en me voyant, baissait les yeux quand il me parlait, osait à peine m'adresser un sourire. Il était doux, sensible. Il se contentait d'un rien. Un baiser, quelques mots, une étreinte occasionnelle. Il ne me sortait pas Brigitte de la tête, mais je m'obstinais. Le temps ferait son œuvre. J'en étais persuadée.

— Tu la… Brigitte, tu la…

J'ose à peine prononcer la question. Maman m'y encourage d'un petit signe de menton.

— Tu la voyais toujours ?

Et à la façon dont ses traits se figent, je comprends que oui.

— Je n'ai jamais su faire autrement. Je n'ai jamais trouvé le courage de couper les ponts. Elle revenait de temps en temps, une fois par trimestre. Je ne pouvais rien lui refuser. Je la laissais se glisser dans ma chambre. Elle me ramenait de sa vie parisienne des parfums, des vêtements, des anecdotes ahurissantes et rocambolesques. Elle vivait la grande vie, côtoyait des artistes, devenait bilingue.

Je trouvais ma vie fade. Le temps d'un week-end, elle l'illuminait. Quand je retrouvais ton père, le dimanche soir, je le trouvais gris et terne. Je me promettais de le quitter.

Une lame me perfore la poitrine, insidieuse. Papa, pauvre Papa... C'est la première fois que je ressens quelque chose comme cela pour lui. De la tendresse, de la compassion.

— Il m'a demandée en mariage un matin et j'ai été si surprise que j'ai dit oui. Brigitte m'a traitée d'hypocrite lâche.

— Tu l'étais.

Maman ne relève ni ma réplique ni mon ton coupant.

— Je voulais un enfant.

Nous ne disons plus rien pendant quelques mètres.

— Alors tu as eu un enfant ? je demande plus tard quand je retrouve la parole.

— Oui. Je suis tombée enceinte de toi deux mois plus tard.

— Et Brigitte ? Tu as cessé de la voir tout à fait ?

— Les appels se sont espacés, tout comme ses retours. Elle s'est plongée corps et âme dans sa carrière de traductrice. Moi, je m'occupais de toi, j'avais la tête dans les biberons, les dents, tes premiers pas. Nous avons tenté de maintenir le lien quelques années encore. Nous nous offrions des retrouvailles de temps en temps. Une fois par an, à peine.

— Et Papa ? Il savait ?

— Il sentait. On sent toujours quand on n'est pas aimé de la bonne façon, non ?

Je déglutis. J'ai du mal à affronter le visage de Maman. Une colère sourde gronde en moi.

— Il a courbé l'échine et s'est muré dans le silence. S'il m'avait posé la question, nous aurions pu en parler, je suppose. Avec le temps, j'aurais trouvé le courage de lui avouer l'inavouable. J'aurais pu trouver des mots, inventer des tournures pour alléger la vérité. Mais il n'a jamais rien demandé. Il a gardé tout en lui. Il s'est effacé petit à petit jusqu'à devenir une ombre dans la maison. J'ai espéré que tu lui rendrais un peu de lumière en grandissant, mais...

— Mais ?

— Je crois qu'il a toujours pensé que tu étais l'enfant d'un autre. Que l'amour qui lui était destiné et qui lui échappait revenait à un autre... un autre dont tu serais la fille.

— Bon Dieu !

Ça m'a échappé. Je donne des coups dans les cailloux de l'allée, abasourdie.

— Pourquoi vous n'avez jamais parlé ? Pourquoi vous ne vous êtes rien dit ?

Quelques larmes s'échappent de mes yeux. Maman répète plusieurs fois dans un murmure :
— Pardon.

Nous nous dirigeons vers la voiture. Les talons de Maman claquent. Ma colère est toujours là, mais elle a été balayée en partie par les larmes, par les « pardons » désemparés de Maman. En même temps, une autre sensation fait sa place dans mon corps. Comme un poids dont je serais délestée. Le dos de Papa dans le canapé. La tache sombre de ma culpabilité. *Je ne suis pas la cause de tout cela.*

Alors que nous nous installons dans la voiture, moi derrière le volant, Maman sur le siège passager, elle me lance ce drôle de regard vacillant.
— Tu te souviens ce jour de grippe ?

Je me raidis. Le souvenir insensé de tout à l'heure refait surface. La pénombre. Le rideau rose. Le bris de verre. Maintenant, il me semble entendre une voix. Celle de Maman qui supplie. « Alain, je t'en prie, ça n'est pas ce que tu crois ! » Brigitte était là. Mon inconscient le savait. Une odeur dans la maison. Son parfum. Boisé, musqué, un parfum d'homme, plein de caractère. La gosse que j'étais l'avait senti.
— Tu étais malade et j'avais posé ma journée. Tu étais endormie, ta fièvre commençait à retomber. Brigitte était de retour dans le village alors… je lui ai proposé de venir. Quelques minutes. Pas

plus. Se retrouver, s'étreindre, le temps que tu te reposes. J'ignorais qu'Alain rentrait parfois plus tôt les vendredis. Il nous a surprises. Dans notre chambre.

Sa voix se brise. Le souvenir enfoui reflue. La pluie tambourinait. C'était un après-midi d'hiver. Glacial. Je tremblais, de froid, de fièvre, d'incompréhension. Mes pieds nus dans le salon. Papa qui cassait les assiettes, fracassait les vases, puis s'arrêtait brutalement. J'avais senti que quelque chose n'allait pas dans cet immobilisme et ce silence soudain.

— C'était la première fois qu'il se mettait en colère. La première fois qu'il exprimait quelque chose avec des cris, des gestes. J'en étais presque soulagée. Je n'aurais pas dû. La colère chez les taiseux marque toujours un point de non-retour.

Maman marque une pause, le temps de formuler ses dernières phrases.

— C'était une femme. Pas un homme. Et j'ai compris trop tard qu'il aurait préféré un homme. Une femme, c'était un déshonneur trop grand à porter. Il s'est pendu le lendemain matin. Je n'ai plus jamais revu Brigitte.

*

J'ai raccompagné Maman chez elle. Je n'ai pas trouvé les mots qu'il convenait de prononcer après cette révélation. Je crois qu'elle a compris. Avant de descendre de voiture, elle a déposé un baiser sur ma joue. Rien d'autre.

Je gare ma voiture devant l'immeuble. Alexandre et moi habitons le troisième étage. Un appartement avec balcon. Il rêve d'un jardin. De verdure. De papillons. Je récupère les clés, mon sac à main. Je me sens encore fébrile, mais les quelques kilomètres que j'ai parcourus seule avec moi-même m'ont fait du bien. Avant de descendre sur le trottoir, je jette un coup d'œil dans le rétroviseur. La violette ramassée par Maman est toujours là, derrière mon oreille. Une touche de couleur incongrue que j'aurais arrachée en temps normal, jetée sur le trottoir. Mais quelque chose a cédé en moi. Un poids s'est envolé. Malgré les révélations. Grâce aux révélations.

Je porte un drame depuis toute petite. Un drame qui n'est pas le mien. Je sors de l'habitacle, hume les odeurs du printemps. Aujourd'hui, je n'ai plus envie de gris pétrole, de noir bitume ou de brun bistre. Aujourd'hui, pour la première fois de ma vie, j'ai envie de mauve violette.

UNE ALLURE FAMILIÈRE

Olivia Elkaim

D' Arlette Ravalli, née Lacrouts, à Carthage, le 8 mai 1933, je ne sais pas grand-chose. À part qu'elle cultivait le goût du secret et qu'elle aimait beaucoup l'argent. Mais qu'en faisait-elle ? Elle vivait comme une clocharde, dans un appartement décati du quartier des Trois-Lucs, à Marseille, un trois-pièces, persiennes constamment closes sur le soleil féroce du Midi. Elle chancelait du canapé-lit du salon à la cuisine où elle avalait des verres de rosé bon marché – de la marque « Listel » –, du pastis pur et, les jours de disette, de l'alcool à 90°. Elle errait en se tenant aux murs tapissés de fleurs mauves, revêtue d'une nuisette en dentelle, une clope fichée entre l'index et le majeur, la cendre toujours sur le point de tomber et de brûler la toile cirée, maculée de trous, noirs sur les bords.

— Attends, mamie, prends un cendrier…

J'attrapais une coupelle jaune estampillée « Ricard » que ma grand-mère maternelle avait chapardée au « bar des copains », hop, dans la poche de sa blouse. « Ce sera toujours ça que les Boches… » Elle s'installait sous la treille chargée de gros raisins verts, à la fin de l'été, s'accoudait au comptoir en hiver, au milieu des marlous, commentait l'actualité avec le patron. Elle lui commandait un, deux, trois ballons de blanc.

— Du bien sec, Diego, s'il te plaît ! Et mets-y un petit glaçon.

Elle revenait de la messe dominicale à sainte Rita, qu'elle ne ratait jamais et pour laquelle elle revêtait la blouse informe. Ce vêtement dissimulait son ventre proéminent de buveuse et le négligé un peu sale en dessous.

— Inscris-les sur ma note, Dieg', je te réglerai la prochaine fois.

Puis elle rentrait chez elle.

Arlette avait été si belle, reine de beauté à vingt ans, tournoyant autour des hommes plus âgés, dans des robes à motifs, talons hauts, compensés ou aiguilles, les cheveux relevés en chignon, un air de Simone Signoret dans *Casque d'or*.

Elle avait été l'amour fou de Sauveur, sa *principessa*, son *tesoro*. Emporté en quelques mois par une tumeur au cerveau, l'été de mes dix-sept ans, mon grand-père souffrait aussi de la maladie de Vaquez. Son sang s'était tellement épaissi qu'avec ses veines, racontait-on dans la famille, on aurait pu fabriquer du boudin noir. Tout son corps était fichu, de toute façon, il n'y avait plus rien à faire. Il n'avait pas fêté ses soixante-dix ans. Ma mère répétait qu'il était, en réalité et *tout simplement,* mort d'amour pour cette femme en nuisette, cette femme sous mes yeux, ma grand-mère adorée. Oui, il était mort d'amour pour elle, mort, les artères bouchées, les veines comme du boudin noir, le cœur gros à exploser.

C'était beau et c'était terrifiant.

J'interrogeais Arlette sur sa jeunesse carthaginoise, sur la rencontre avec Sauveur à Tunis, au mess des officiers de la caserne Forgemol, juste après la guerre. « Au bal, j'avais droit à trois danses seulement avec le même cavalier, mais lui ne m'avait pas lâchée de la soirée. Il fallait voir la tête des gens, leurs cancans. »

Je la questionnais sur son arrivée en France en 1958, deux ans après la fin du protectorat, sur ses sœurs – des jumelles « complètement folles et suicidaires » –, sur son frère, « ce radin, suicidaire lui aussi ». Je la questionnais tant et plus sur tous les suicidaires de la famille, mais pas toi, hein, mamie ? En retour, j'avais droit aux mêmes bribes, à son sourire de Joconde, les yeux mi-clos, une énième cigarette allumée sur la gazinière, son buste penché au-dessus des gamelles, à se brûler le visage.

Elle me regardait par en dessous. Des volutes bleutées s'échappaient de sa bouche sertie de fines ridules. De sa voix grave, elle soupirait cette phrase, indéchiffrable pour la jeune femme que j'étais :

— Qu'est-ce que tu veux, Olivia ? On ne peut pas être et avoir été.

Quand j'étais petite, Arlette m'emmenait cueillir de la verveine, au soir tombant. On en faisait des paquets qu'on laissait sécher, tête en bas, pour la tisane. Du balcon, elle désignait l'étoile du berger – « Brûle encore, bien qu'ayant tout brûlé, chantonnait-elle, pour atteindre l'inaccessible étoile ! » –, puis refermait la fenêtre. Aujourd'hui encore, avant de me coucher, je cherche l'étoile du berger. Je reste fascinée par Vénus visible à l'œil nu.

On s'allongeait, l'une à côté de l'autre, sur le canapé-lit. Elle fumait une dernière tige. Elle ne parlait pas beaucoup plus à l'époque. Mais j'étais alors sans questions, fillette avide de sa présence fantastique, de sa bohème qui tranchait avec l'existence bien réglée de mes parents en banlieue parisienne.

— Qu'est-ce que tu veux, Olivia…

Je me levais. J'enfouissais mon nez dans sa crinière uniformément blanche, son cou délavé. Je la serrais dans mes bras, sentais sous mes doigts les os menus de ses omoplates. Je respirais son odeur de Dunhill mélangée à celle de la crème Nivea, aux effluves de la sauce tomate-basilic qui mijotait derrière elle.

Elle restait là.

— Claque la porte, ma chérie.

Elle chassait une mouche luisante, d'un revers de main. Je saluais la grosse Régine sur le palier mitoyen. Je repartais faire ma vie de jeune femme à Paris, sans comprendre la sienne, derrière les volets fermés, seule.

À qui parlait-elle ? À quoi pensait-elle ? Mystère.

Dans l'appartement des Trois-Lucs, après mon départ, c'était le silence, un calme de plomb, tourne-disque éteint, radio débranchée. Parfois, la télé restait allumée sans le son, jusqu'à tard. Arlette dormait, pelotonnée contre le traversin, quand la mire apparaissait. Le paquet de clopes serré dans sa main, une bouteille de vin vide au pied du canapé.

Le temps s'étirait autour de ses soixante-quinze ans.

Je la croyais immortelle.

*

— C'est terminé.

« Mum » s'affiche sur l'écran de mon téléphone portable. Mais je reconnais à peine la voix blanche de ma mère. Je suis assise sur une banquette au fond de la Closerie des Lilas. Le service du midi est terminé depuis longtemps. Un homme passe l'aspirateur. Bientôt un pianiste viendra jouer les Gymnopédies pour égayer l'apéritif des riches habitués.

Je suis en train de rassembler mes affaires, un carnet de notes, l'enregistreur – je viens de finir une interview, mais de qui ? Impossible de m'en souvenir – quand mon mobile à clapet vibre sur la nappe blanche.

— C'est terminé, me répète Rosie de cette voix métallique, dénuée de son rythme saccadé, sans aucune de ses modulations habituelles, la voix de ma mère pourtant reconnaissable entre toutes. Tu m'entends, Olivia ?

— Oui, maman, oui…

J'ai envie de raccrocher, de continuer ma vie, ranger mes affaires dans le sac à dos Eastpak, me lever, enfiler ma doudoune, payer, pousser la porte-tourniquet en craignant bêtement de m'y coincer, sauter dans le bus 38, rentrer dans mon petit appartement près de la gare de l'Est. Je ne veux surtout rien savoir de ce qu'elle doit m'annoncer.

— Mamie, c'est fini.

Je veux continuer ma vie, aller boire un Picon-bière rue du Faubourg-Saint-Denis, ne rien savoir, rentrer pour décrypter l'entretien, le remettre au journal, continuer, continuer comme si de rien n'était.

Mais elle insiste, de son drôle de ton impératif.

— Mamie, c'est fini.

Et moi, j'entends le chuintement d'un 45 tours, un roulement de tambour, la voix d'Hervé Vilard : « Nous n'irons plus jamais ».

J'entends *Capri, c'est fini* et, à la voix de ma mère, se superposent les paroles du tube, « Nous n'irons plus jamais », et la vision de l'île dans la brume, un hiver, depuis le navire où j'avais embarqué avec d'autres touristes égarés en cette basse saison. J'avais envoyé une carte postale laconique à Arlette Ravalli, 15 route des Trois-Lucs, 13012 Marseille, Francia.

« *Baci* de Capri à toi, ma chère maminette ! »

Au téléphone, à mon retour, elle avait fredonné : « Et dire que c'était la ville de mon premier amour. »

Elle savait les paroles par cœur, comme celles de toutes les chansons de Brel et d'Aznavour, mais ne connaissait pas la villa Malaparte, n'avait pas vu *Le Mépris* ni lu Mario Soldati. D'ailleurs, elle ne lisait aucun livre et ne s'intéressait pas au cinéma. Elle n'avait jamais, non plus, voyagé en Italie. À part Carthage où elle était née et Marseille où elle vivait, elle n'était jamais allée nulle part. Elle n'était même jamais venue me rendre visite à Paris. J'avais pourtant une chambre où l'accueillir, je lui avais proposé plusieurs fois. En vain.

— Olivia ?

Rosie crie dans le combiné. Mais je referme le clapet du téléphone. Je me tiens au bord du précipice, les doigts crochetés à la nappe, pierraille friable et humide, les yeux dans le vague, du vide sous mes pieds.

Un serveur en livrée est debout devant moi.

— Ça ne va pas, mademoiselle, vous avez besoin d'aide ?

Je me suis pissé dessus.

*

Je saute dans le premier TGV le lendemain matin. Il fait encore nuit quand le train quitte les zones pavillonnaires de la grande couronne parisienne. Je me cale dans mon siège. Je ne bouge plus pendant les trois heures suivantes, yeux rivés aux paysages changeant à vive allure. Le cuir chevelu me démange comme jamais. À la pharmacie de la gare de Lyon, j'ai acheté une lotion « antipoux », pâte grasse à étaler sur l'intégralité de la chevelure pour étouffer les insectes. Je garde mes mains vissées au flacon miraculeux pour ne pas gratter, gratter, gratter à m'arracher la peau du crâne.

À la gare Saint-Charles, au bout du quai F – « F » comme « famille », ne puis-je m'empêcher de penser –, Rosie et Lola m'attendent. Ma mère et sa sœur, silhouettes collées l'une contre l'autre, dans le mistral de février qui balaie le hall, des siamoises.

Rosie a pris les choses en main, s'agite, parle, parle, parle, rien n'arrête sa logorrhée qui s'est teintée d'un léger accent du Sud. Qui il faut encore prévenir, les tantes, les cousines, les amis, ceux qu'on veut éviter, les paumés inévitables, et puis les textes à choisir pour la messe, les pompes funèbres ces voleurs, le caveau, la couleur blonde du sapin, aller revoir le curé de sainte Rita qui n'est quand même pas très « fute-fute », choisir la plaque en marbre, « à notre grand-mère adorée, à notre mère », est-ce qu'on indique ses dates de naissance et de mort, ça se fait non ? Et puis, faut prévoir un café, quelques brioches, après l'enterrement. On a finalement choisi le cimetière des Vaudrans.

Lola hoche la tête en silence.

— On l'enterre pas avec papi Sauveur à Saint-Victoret ?

— On a choisi le cimetière des Vaudrans, c'est plus pratique, c'est à côté.

— Ça, c'est bizarre, quand même, maman.

— Bon, c'est notre choix avec Lola, je vois pas de quoi tu te mêles encore, toujours à mettre ton grain de sel partout, Olivia. C'est dans une très belle campagne, avec des pins parasols centenaires. Un cimetière boisé, fleuri, vue dégagée. Elle aurait adoré.

Aucune des deux n'évoque Jojo. Personne ne parle de Jojo, pas plus moi que les autres d'ailleurs, comme s'il n'existait pas, comme s'il n'avait jamais existé.

— Et puis, si tu pouvais faire le discours, Olivia, ça nous arrangerait, Lola et moi. On veut essayer de garder une bonne image de mamie, qu'elle meure mieux qu'elle n'a vécu. Et toi, tu es bien placée, tu sais écrire, c'est ton métier.

Avant de venir me chercher à la gare, Rosie et Lola s'étaient rendues de bonne heure au tribunal de grande instance. Dans un couloir, debout, elles avaient scrupuleusement rempli un formulaire imprimé sur fond gris, veillé à bien écrire en lettres capitales dans les petites cases. Elles l'avaient signé, remis à une greffière avec l'acte de décès d'Arlette, puis elles étaient reparties.

Chez ma grand-mère, une des armoires était remplie de missives de Sofinco, Cofinoga, Cetelem, de la Société marseillaise de crédit, jamais décachetées, de recommandés restés lettre morte, de courriers de rappel et de menaces fluorescentes.

Arlette devait des centaines de milliers d'euros à de multiples organismes. Mais pire encore, elle avait contracté des dettes auprès des voisins, des petits dealers du quartier rencontrés chez Diego, des commerçants qui n'avaient jamais effacé les ardoises. Et ce, depuis des années.

Rosie et Lola avaient vidé l'appartement avant même que ne soit publié l'avis de décès dans *La Provence*. De nuit, elles avaient déposé son cafoutche sur le trottoir. Tout avait été récupéré à l'aube par des gitans. Elles avaient rendu le bail et fait disparaître fissa toute trace d'Arlette dans ce quartier où elle avait vécu quarante ans.

Elles avaient décidé de renoncer à l'héritage. Elles ne voulaient pas payer pour leur mère et me déléguaient la rédaction du discours.

*

Marguerite Mancini, appelée aussi « Rita de Cascia », est une sœur augustine canonisée en 1900 par Léon XIII. Rita, sainte des causes perdues, a aussi donné son nom à la petite église sans charme, en contrebas des Trois-Lucs, comme le précise la fiche sur Wikipédia.

Arlette gardait, punaisée sur un panneau en liège, dans la cuisine, une carte à son effigie, la mine pâlotte, un halo de lumière au-dessus de la tête. Sur Internet, je trouve de nombreuses images identiques. C'était une bien jolie fille, mais comment devient-on sainte ?

Je découvre aussi plusieurs livres, *Prier avec sainte Rita, Par le pouvoir de sainte Rita, la sainte de l'impossible*. À quel moment se déclare-t-on, à soi-même, face au miroir ou devant Dieu, « cause désespérée » ?

Je m'égare sur Google, assassinat et sanctification du père Jacques Hamel ; je dévie sur saint Jude et Léon XIII, nouvelle recherche, pourquoi les papes changent de prénom en devenant papes, nouvelle recherche, les différents synonymes pour « religieuses », car dire « bonne sœur », c'est irrespectueux. Nonnes, moniales, abbesses, novices. Je tombe sur « La véritable histoire de sainte Rita » (il y en aurait donc une fausse ?). Et si Jésus n'avait pas existé ? s'interroge « Deusexmachina », un type anonyme dans un blog à son nom. Question corollaire proposée par le moteur de recherche : Et si Jésus revenait aujourd'hui ?

Je ferme l'ordinateur, prends une feuille A4, griffonne, puis, devant un miroir, j'étale consciencieusement la lotion antipoux. Lola me recommande de recouvrir mes mèches ainsi ointes d'un film alimentaire transparent.

— Pour multiplier tes chances de tuer…

De tuer la bête qui ensauvage mon crâne depuis la mort d'Arlette.

Ça n'avance pas.

Lola a sorti des albums photo : mamie entourée de ses cinq chiennes récupérées à la SPA, qu'elle nourrissait au steak haché « Charal 15 % de matière grasse » ; mamie avec son singe, car elle s'est aussi occupée d'un macaque de Barbarie, qui vivait dans la cour de l'immeuble des Trois-Lucs ; mamie plus jeune, plus mince, habillée en tailleur Chanel, en robe Rodier, un foulard Hermès sur la tête ; mamie dans son bureau à EDF, l'oreille sur le combiné d'un téléphone en Bakélite.

Ma mère a bien insisté :

— Il y a des choses qu'il ne faut pas dire devant des étrangers, Olivia, tu en as bien conscience ?

Tout ce linge qu'on lave en famille, porte close et bouche cousue au fil de fer.

Je pose la tête entre mes mains.

— T'as pas besoin de rentrer dans les détails. Il y a des choses qu'on garde pour nous, point barre.

En buvant une Suze, la veille de la cérémonie, Lola et Rosie évoquent une femme que je n'ai pas connue, une femme qui vaporisait Jicky de Guerlain sur ses chignons hauts. Elles ne me parlent pas de celle que je retrouvais, les dernières années, dans la pénombre de l'appartement des

Trois-Lucs, bouffie d'alcool, d'ennui et de tristesse.

Il y a tant à dire et si peu que je sache, devant cette feuille blanche, et le lendemain, de bonne heure, face au corps rétréci et au teint cireux d'Arlette, à la morgue, avant que deux hommes en costume noir ne viennent clouer la planche.

— C'était malgré tout une belle personne, voilà ce qu'on doit retenir, m'encourage Rosie. On te demande cinq petites minutes, Olivia, pas plus, juste pour lui rendre un dernier hommage. Ça ne va rien te coûter.

Malgré le traitement de la veille, mon cuir chevelu flambe.

*

Quelques semaines avant de mourir, Arlette avait pris rendez-vous avec le curé de sainte Rita et lui avait donné des instructions en vue de ses obsèques.

Parmi ses dernières résolutions, elle avait insisté sur le choix d'un portrait d'elle, à quarante ans, sourire éclatant, yeux rieurs, que nous devions déposer sur un chevalet, pendant la messe. Sur cette photo, elle n'a pas encore son double menton, ni son teint brouillé d'alcoolique. Elle n'a pas perdu ses dents. Ses cheveux ondulent, blond vénitien, de l'or.

Elle avait également demandé à ce que soit diffusée une chanson de Jacques Brel, le temps que la famille et les amis prennent place sur les bancs.

— L'intégralité des paroles, monsieur l'abbé, s'il vous plaît, au début et à la fin de la messe. J'y tiens.

— Mais vous êtes donc si malade, madame Ravalli ?

— Non, mais j'ai un pressentiment.

De fait, ses récentes analyses sanguines, chute des plaquettes doublée d'une hausse inquiétante des globules blancs, nécessitaient qu'elle consulte vite. Et elle ne voulait pas consulter. « Tous des charlatans de chez qui vous ressortez les pieds devant. »

Elle est morte sans prendre rendez-vous chez le médecin. C'est la grosse Régine, inquiète de ne pas la croiser plusieurs jours de suite, qui avait appelé Lola qui avait prévenu ma mère. Elles avaient découvert le corps sans vie, assis contre la table de la cuisine, tête posée entre ses coudes. Une flaque de sang avait séché sur les tommettes. Des ombres bleu-vert irradiaient la peau fine de son buste et le bas de son visage.

— Comme de la pourriture, avait cru bon de préciser Lola.

C'est donc, par la volonté d'Arlette et sous les paroles impérieuses du chanteur belge

– « J'arrive ! » – que nous pénétrons dans l'église. « J'arrive, bien sûr, j'arrive… Mais ai-je jamais rien fait d'autre qu'arriver… »

Le curé baisse le son, s'approche du micro pour annoncer d'une voix pateline :

— Olivia a quelque chose à nous dire.

Je me lève, marche telle un automate jusqu'à l'autel. Il me laisse la place et s'évapore. À cet instant, j'aimerais que le sol s'ouvre sous mes pieds et m'engloutisse, moi aussi. Ou qu'une explosion de gaz, qu'un tremblement de terre, qu'une pluie de météorites, que des mafieux entrent et tirent dans la foule compacte des amis corses et italiens d'Arlette.

J'attrape le micro, mains tremblantes, langue pâteuse. Aucun son ne sort de ma bouche. Ma mère si impeccablement mise, comme à son habitude – je ne l'ai jamais vue en tenue d'intérieur, jamais débraillée, jamais en baskets –, sa sœur en jean-blazer, se tiennent serrées et se raclent la gorge. Toutes les deux sont allées chez le coiffeur et ont exigé la même teinture noir corbeau. Mon père a passé un bras autour des épaules de mon frère. Des cousins et des vieilles tantes sont éparpillés sur les bancs et, au fond, me toisent des types aux visages ravagés, des paumés, de grosses dames semblables à Régine.

Je balaie cette assemblée hétéroclite du regard et soudain, sur le côté, je le vois. Seul, enfoncé dans une chaise roulante, Jojo. Jojo derrière ses lunettes fumées aux verres épais comme des hublots. Jojo, au pantalon maculé d'urine, la barbe mal taillée, un filet de bave sur le menton, et l'infirmière qui l'essuie et lui redresse la tête. Jojo sous mes yeux, invisible, sous nos yeux à tous, invisible, que personne n'a salué, mais qui est bien là néanmoins. Pour elle.

*

« Mamie, tu ne jurais que par les gambas grillées à l'ail, le mérou préparé par le chef cuisinier du Ruhl, que tu tutoyais. Tu réservais des semaines à l'avance, une table avec vue sur la corniche, toujours la même. Tu aimais prendre des taxis, je ne t'ai jamais vue monter dans un autobus. Tu collectionnais les foulards Hermès et les bijoux en or. Il y avait, dans tes tiroirs, une joncaille pêle-mêle qu'enfant, j'enroulais autour de mes bras avant de m'admirer dans la glace. »

« Elle pétait plus haut que son cul », s'exclamait ma mère, bouche tordue. Elle quémandait des prêts de cent mille francs à des taux usuriers, ici et là, les obtenait de son plus beau sourire, jouait aux petits chevaux dans des arrière-salles enfumées de la Canebière. Elle gagnait, puis perdait beaucoup plus que sa mise initiale. « Elle a mis sa famille sur la paille, renchérissait Lola, on ne lui pardonnera jamais. »

« Tu cuisinais le couscous de poisson comme une reine et les artichauts farcis, les fricassées de thon et les lasagnes, tous ces plats que tu mitonnais déjà en Tunisie, pour tes amis, ton mari, pour nous qui "descendions", toutes les vacances scolaires, depuis notre banlieue parisienne, à Marseille. »

Tu nous regardais manger en grignotant des radis. Tu pignochais. Mais tu te relevais la nuit pour bouloter du fromage, assise en tailleur, devant le réfrigérateur ouvert, la lumière de l'appareil nimbant de jaune le salon plongé dans la pénombre.

— Tu fais quoi, mamie ?

— J'ai faim.

Puis tu t'enfermais dans la salle de bains et tu te faisais vomir.

« Tu vaporisais du Jicky dans tes cheveux en admirant ton reflet dans le miroir. Tu te tirais la langue à toi-même avant de te détourner en chantonnant "poupoupidou". »

Et tu aspergeais ta bouche d'un spray mentholé acheté en pharmacie pour couvrir l'odeur suave de l'alcool.

« Tu étais supportrice de l'Olympique de Marseille. Tu déclarais en allumant le téléviseur après les actualités : "Ce soir, on regarde le ballon".

Tu ne jurais que par Waddle (que tu prononçais "Vadèl") et Basile Boli. Tu hurlais des insultes en italien au moment des tirs au but. »

Tu aimais les paris sportifs, tu perdais. Tu jouais au loto, au Millionnaire, tu perdais. À Noël, tu nous offrais des jeux de grattage. Parfois, l'un de tes petits-enfants, souvent moi, emportait dix francs. Tu m'emmenais avec toi au bar des copains pour avoir la baraka au tiercé. « Diego ! Cette gamine, elle me porte bonheur. »

« Tu as été le grand amour de Salvatore Ravalli, mon grand-père sicilien, catholique fervent et plein de superstitions, celui que nous appelions tous "papi Sauveur". »

Et le grand amour de Jojo qui couchait chez vous tous les soirs (mais dans quel lit ? Je n'ai jamais élucidé cette question). Jojo qu'on présentait comme le grand ami de la famille, le parrain de mon frère. Jojo sur toutes les photos depuis ma naissance, à la droite d'Arlette au mariage de mes parents (Arlette tenant la main de Sauveur, à sa gauche), Jojo, témoin de Rosie devant le maire. Jojo qui nous gâtait pour les fêtes de Noël, un petit billet de cent francs à chacun. Jojo qui était, à tes côtés, dans cette chambre de l'hôpital de la Conception, pour les dernières heures de papi Sauveur, juste avant le passage du curé, les sacrements et l'arrivée de la Grande Faucheuse.

« Elle a fini par le tuer, papa, avec ses conneries », disaient Lola et Rosie, de concert.

Et cette fois où je suis venue te rendre visite, à l'im-
proviste, c'était il y a quelques années :

« Avec Jojo, on ne se voit plus, c'est terminé. Il a
loué un appartement au-dessus de la boucherie. Il ne
bandait plus, de toute façon, c'est un effet secondaire
bien connu du diabète. Quel intérêt dans ces condi-
tions, je veux dire : si on n'a même plus la bagatelle
pour s'amuser ? Tu sais ce que c'est, maintenant que
tu es devenue une femme, toi aussi. »

Et il y a quelques semaines, la dernière fois que je
t'ai vue :

« J'ai besoin d'argent, Olivia, tu peux me faire un
petit prêt ? Tu ne vas pas me laisser faire la manche
aux Restos du Cœur ? Mille euros, je te demande pas
grand-chose. »

Je t'ai laissé ce que j'avais dans mon portefeuille,
cinquante euros. Après avoir claqué la porte, salué la
grosse Régine, dévalé les escaliers, un mot italien m'est
revenu, une sorte de « faux ami » dont je ne savais que
faire. Vergogna ! Vergogna !

La honte. Mais de qui ? De quoi ?

La messe est dite. Les cloches sonnent.

« De chrysanthèmes en chrysanthèmes. » Jojo
est sorti le premier, poussé par son infirmière.

Sur le parvis, alors que le cercueil est chargé
dans le corbillard, ma mère s'approche de moi.
« La mort potence nos dulcinées. » Elle tient son
sac Dior serré contre son flanc.

— C'était bien, ton discours, c'était gentil. De toute façon, ta grand-mère, elle a emporté ses secrets avec elle.

« Jusqu'au soleil, jusqu'à l'été… »

*

Mais il n'y avait pas de secrets, maman, rien d'enfoui dans une malle cachée au fond d'un grenier ou d'une cave dans une maison de famille ancienne. Il y avait du non-dit, toutes ces choses. Ces choses sous mes yeux, qu'enfant, je ne savais pas décrypter, ces choses que tu ne voulais pas nommer. Encore moins Lola. Lola figée dans le silence depuis son enfance au sanatorium de Gap. Lola l'asthmatique qui s'étouffait dans ses glaires et qu'Arlette avait envoyée vivre, à l'âge de trois ans, dans les montagnes. Lola qui, en revenant habiter, à l'adolescence, avec ses parents, avait découvert la vie de famille : coexister avec Jojo ; supporter les huissiers qui, tous les six mois, tambourinaient à la porte pour vider l'appartement des Trois-Lucs.

Quinze ans après la mort d'Arlette, je questionne toujours ses traits impénétrables dans les albums photo, cette grand-mère en peignoir molletonné, en robe imprimé léopard, aux doigts longs et manucurés qui picorent des fenouils découpés finement et disposés dans des coupelles pour ses invités.

Un matin, je retrouve Rosie devant la Madeleine. Elle est assise à une terrasse ensoleillée. Je l'observe, de loin. Ma mère ne fait plus de couleurs à ses cheveux. La peau de son visage s'est parsemée de taches brunes, comme le dos de ses mains. Ses yeux ont perdu leur vert éclatant. Mais elle est toujours aussi bien mise. Pas un pli, rien qui dépasse. Petit tailleur ajusté, mocassins, Chanel 19 derrière les oreilles, et son sac Dior, toujours le même. Elle a presque soixante-dix ans.

Moi aussi, je vieillis. Je viens d'avoir quarante-cinq ans, peu ou prou l'âge d'Arlette quand je suis née et qu'elle est devenue grand-mère. Des rides strient mon visage. La peau de mon ventre se relâche. Les hommes ne me regardent plus.

En examinant mon look débraillé, un œil sur mon tatouage à l'avant-bras gauche, *Meat is murder* en lettres capitales, Rosie s'exclame :

— Quand même, faut savoir se tenir.

Je redresse le buste, dans un geste mécanique, et m'assois à côté d'elle. Je croise les jambes, tapote de l'index sur la table. On commande nos cafés. Elle secoue la tête.

— C'est fou, Olivia, c'est fou ce que tu ressembles à ma mère. En te regardant toi, de plus en plus, j'ai l'impression de la voir elle.

Je me détourne pour m'observer dans une vitre.

Arlette est bien là, avec nous, elle m'attend. « Comment ça va, ma chérie ? » Dans le reflet, j'aimerais la toucher, prendre ses longues mains dans les miennes, saisir pour toujours cette surimpression fugace, une allure familière.

SOUS LE SABLE

Sandrine Roudeix

1.

S a mère a encore les poches pleines. Cailloux. Hiboux. Choux. Genoux. Sa mère a encore volé. Qui vole un œuf vole un bœuf.

De l'autre côté du couloir bleu néon où elle est assise avec sa demi-sœur, Betty aperçoit les deux bosses qui boursouflent les flancs de la robe en jersey gris à fleurs vertes. Six heures qu'elle patiente en attendant la fin de l'opération de son beau-père. Les portes opaques se sont ouvertes et fermées cent fois sur les blouses froissées, parfums d'alcool et d'éther, bips électroniques et cliquetis de fer, mais jamais pour annoncer à sa mère que son mari était sauvé. Jamais pour rassurer Betty et Clara, et que la vie redevienne douce tranquille comme avant, les enfants adultes d'un côté et les parents immortels de l'autre, il y a un ordre dans la vie. Depuis qu'elles sont arrivées à l'aurore, le ciel encore noir de l'angoisse qui leur dégringolait dessus, Betty a eu le temps de se réciter trois comptines venues d'on ne sait où, Clara de lire deux magazines et un prospectus qui moisissaient sur la table basse de la salle d'attente, et leur mère de dérober tout ce qui roulait à proximité de sa main droite sur le chariot des infirmières. Deux verres, trois bandelettes, deux compotes à la poire, un tube éprouvette. Un butin comme un trésor de guerre. Leur mère menait une guerre. Mais Betty ne le savait pas.

Il a fallu que Georges tombe malade, que son beau-père si grand si bizarre si tonitruant plie sous la force d'un sang qui ne circulait plus dans ses artères, pour que Betty découvre le combat. La tempête qui ensable lentement la mémoire de sa mère. Quand Betty lui rendait visite chaque jour après son travail, une heure bonjour bonsoir et qu'est-ce que tu as mangé aujourd'hui, elle ne s'était aperçue de rien. Forcément, son beau-père faisait paravent. Fou amoureux de sa femme et peu intéressé par sa belle-fille, son beau-père faisait porte-voix. Les mots omniprésents et la grosse main calleuse qui effleurait le bras de Betty en parlant de leur dernière grille de mots croisés, son beau-père faisait son intéressant. Qu'est-ce que tu crois ? On a quatre-vingt-deux ans, pas cent cinquante ans. Et sa mère acquiesçait, gentiment assise en pantoufles roses dans le salon, gentiment posée dans le canapé doublé de fausse fourrure, gentiment absente.

Betty avait pensé que c'était l'âge. La faute au dentier que sa mère ne portait plus. Difficile de produire des sons sans petits bouts d'os où les entortiller. La faute aussi à tout ce temps passé à vendre des légumes au marché de Perpignan, toujours dehors, toujours debout, forcément usée. Betty ne s'était pas étonnée. Elle ne l'aurait pas avoué, mais le changement lui avait même plu. Sa mère n'avait jamais été très gentille. Du moins avec elle. Jamais affectueuse. Jamais disponible. Alors, quand la vieille femme lui avait souri il y a six mois, le jour où Betty lui avait annoncé qu'elle était devenue gérante du salon de coiffure où elle travaillait depuis trente ans, mieux vaut tard que jamais, elle avait choisi d'y voir de la fierté, une sorte d'amour à retardement. Elle n'avait pas imaginé qu'une dune s'était logée derrière la pupille ramollie et la bouche creuse au menton reculé. Il avait fallu que son beau-père soit hospitalisé pour que Betty découvre le paysage enseveli. Sa mère sans souvenir. Sa mère oubliant même ce matin qu'elle se fichait de son aînée, celle qu'elle avait eue avec un homme marié il y a soixante ans, avant de rencontrer Georges. Sa mère qui avait regardé tout à l'heure ses deux filles de la même manière pour une fois. Curieux plaisir.

Betty se lève, tandis que sa demi-sœur continue de lire penchée sur son magazine comme une lampe de bureau. Toujours aussi maigre, celle-là. Clara n'a pas changé depuis qu'elles ne se parlent plus. Betty est incapable de se rappeler quand était la dernière fois. À quoi bon ? Elles ont à peine deux ans d'écart, mais elles n'ont jamais rien eu à partager. Rien eu à se disputer, non plus. Même pas l'affection de leur mère. Betty était là avant, mais c'est comme si elle était arrivée en second. Sa mère ne s'en préoccupait pas. Betty avait bien dû lui inspirer de l'amour, de la sollicitude même, quand elle avait compris que son amant ne chercherait pas à les revoir toutes les deux, mais Betty a beau remonter l'horloge du temps, elle ne s'en souvient pas. Pendant toute son enfance, c'est sa demi-sœur qui y a eu droit. Clara était la petite, la préférée, celle qui pouvait tout faire tout prendre sans rien donner, et Betty n'existait pas à ses côtés. Ni pour sa mère ni pour son beau-père. Pendant que sa demi-sœur réussissait ses études d'architecte, se mariait, accouchait une fois deux fois trois fois, Betty avait passé un CAP coiffure, enchaîné les échecs sentimentaux avec des hommes jamais libres qui lui faisaient l'amour sans la regarder, puis avait pris un appartement pas très loin de la maison familiale et n'en avait plus bougé.

La robe de sa mère vient à nouveau d'avaler une petite cuillère. Betty ne peut quand même pas la laisser se comporter comme ça. Les infirmières risquent de s'en apercevoir. C'est plus fort qu'elle, mais elle a toujours peur de se mettre en tort ou de déranger. Elle redoute la mauvaise note, une raison de plus de ne pas être aimée. Et puis, elle déteste attirer l'attention. Elle attrape le bras de sa mère pour la faire asseoir, mais celle-ci se met soudain à crier. Vous êtes qui ? Sa voix rebondit comme une balle de caoutchouc sur le lino blanc. Laissez-moi ! Je veux voir ma fille. Betty se recule aussitôt. Elle ne s'y attendait pas. Depuis qu'elle était arrivée, elle avait cru que sa mère avait oublié ses deux filles. Elle n'avait pas imaginé que même sa mémoire pouvait préférer sa demi-sœur.

Soufflée, elle se réfugie au fond de la salle d'attente, tandis que Clara s'approche. Celle-ci rassure leur mère en l'accompagnant vers une chaise en plastique, puis se moque d'elle. Pourquoi Betty fait-elle des histoires pour tout ? En même temps, ce n'est pas étonnant, à force de vivre seule, elle a besoin d'animation. Betty rougit, ouvre la bouche, puis se ravise. À la place, elle scrute ses bottines en daim achetées la semaine dernière. Elles lui semblent si moches, aujourd'hui.

Une blouse blanche vient à leur rencontre et les deux femmes se rapprochent comme un

seul corps. Alors ? Alors, l'opération est termi-
née. Votre père dort. Mais il y a eu des compli-
cations pendant l'anesthésie, un accident vascu-
laire dans le cerveau, et le médecin veut le garder
vingt-quatre heures en réanimation. La femme a
dit « votre père » et Betty ne peut s'empêcher
d'éprouver une bouffée de plaisir, petite vague
de consolation. Avant de prendre conscience de
la situation.

La blouse blanche disparaît et Betty s'appuie
contre le mur. Son beau-père dans le coma. Sa
mère qui ne la reconnaît pas. La chaleur des
radiateurs poussés à plein régime lui tourne la
tête. Clara accuse le coup une seconde, peut-être
deux, mais reprend vite la main. Elle décrète
qu'il ne sert à rien qu'elles restent là. Elles revien-
dront demain matin. Elle demande à Betty de
conduire leur mère en voiture jusque chez elle,
son mari les accueillera, tandis qu'elle les rejoin-
dra avec son scooter. Puis elle explique doucement au visage absent que Betty est sa fille. Betty
va la ramener chez Clara. Mais Betty s'étonne.
Pourquoi chez Clara ? Sa demi-sœur ne souffre
aucune contradiction. Parce que c'est comme ça.
Parce que Betty sait que ça déprime leur mère de
venir chez sa fille aînée. Parce que ça lui fera du
bien de voir ses petits-enfants, une famille. Betty a
la tête qui bout, un flot de mots humides qui lui
encombrent la gorge comme de vieux mouchoirs,

mais elle ne répond rien. Docilement, elle suit sa demi-sœur et leur mère vers les ascenseurs. Peut-être que dehors, sa mère se souviendra d'elle à nouveau ?

2.

La maison de sa demi-sœur est à une dizaine de kilomètres de l'hôpital. Tandis que Clara se dirige vers son scooter, Betty guide leur mère jusqu'à sa vieille Corsa blanche stationnée en épi sur le parking. Elle déverrouille la portière du siège passager, l'ouvre, puis la referme sur le corps mou et rond. Quelle tristesse. Sa mère a les cheveux blancs épars, le teint cireux d'une poupée et les joues marbrées de veines rouges. Elle porte des bas noirs troués au mollet gauche, repliés en accordéon autour de ses chevilles, et un sous-pull beige au col roulé décousu qui dépasse sous sa robe. On dirait une clocharde. Betty ne peut réprimer un sentiment de honte.

La voiture démarre dans un grondement et sa honte se transforme en colère. Coincée dans sa poitrine depuis le matin, la colère grossit. La colère et la culpabilité et la peur. Pourquoi n'a-t-elle pas vu que sa mère allait mal ? Pourquoi son beau-père ne lui a-t-il rien dit ? Il n'a pas le droit de la laisser perdre la mémoire. Il n'a pas le droit de la laisser rayer Betty de sa biographie. Mais pourquoi a-t-il eu cet accident, aussi ? C'est une force de la nature, un tronc, un roc. Jamais malade. Il n'a pas le droit d'abandonner sa mère.

Betty n'a pas réussi à tisser de liens avec lui, lui en a voulu de prendre trop de place sans lui en faire aucune, mais elle lui reconnaît sa fidélité. Et son amour indéfectible pour sa femme malgré les années. Quand Betty pleurait un énième amant qui ne la rappelait pas, elle pensait parfois à lui. Pas très démonstratif. Pas très paternel. Mais fou amoureux. À ses yeux, ça rattrapait tous ses défauts. Et puis ce n'était pas sa faute à lui si le père de Betty ne l'avait pas reconnue. Son beau-père l'avait acceptée dans sa vie sans rechigner. Ce n'était sans doute pas si mal. Avec le temps, elle s'était dégoté un boulot qu'elle adorait, des amis ni pires ni meilleurs que d'autres, et qu'est-ce qu'elle voulait de plus ? Elle n'avait pas réussi à intéresser durablement un homme, mais pourquoi serait-ce si important ? Sa mère était si fière quand elle lui avait dit pour le salon de coiffure.

Les bras tendus derrière le volant, Betty s'empêche de réécrire l'histoire et se concentre sur la route. Il ne manquerait plus qu'elles se perdent. Le service de réanimation où les pompiers ont emmené son beau-père est situé dans un nouveau quartier et elle n'y a aucun repère. Les rues se ressemblent. Il y a plein d'immeubles inachevés et des grues jaunes immenses au cou rouillé tendu vers le ciel. Ça l'angoisse. Elle jette un œil à sa mère. Les deux mains croisées en cathédrale sur ses genoux, un léger sourire sur les lèvres, elle regarde à travers la vitre comme à travers un écran de télévision. Si normale.

Betty vient de repérer l'embranchement de la quatre-voies. La voilà de nouveau en terrain familier. À la sortie, ce sera facile. Il faudra prendre à gauche au feu. Puis à droite sur le boulevard. Sauf qu'elle aperçoit soudain le panneau Narbonne et donne un coup de volant. Qu'est-ce qui lui prend ? Elle ne se l'explique pas. Ne cherche pas à comprendre. Elle dépasse de quelques mètres le grand rectangle bleu qui étiquette l'air en lettres majuscules au-dessus de la Corsa et tourne juste à droite au lieu de continuer tout droit. Déséquilibrée, sa mère se cogne au levier de vitesse avant de se redresser comme si de rien n'était, tandis que Betty sent un picotement lui remonter le long des jambes. Narbonne. Soixante-cinq kilomètres. Narbonne, ça rime avec automne. Ça rime avec colonne. Colonne vertébrale. Ça rime avec un truc qu'elle a peut-être toujours su qu'elle ferait. Narbonne est la ville où Betty est née et où sa mère a dû l'aimer un peu avant qu'elle rencontre Georges. Avant qu'ils déménagent tous les trois à Perpignan et que Clara voie le jour un an plus tard. Narbonne, c'est la ville où Betty a été fille unique.

Betty ne sait rien de sa naissance. Sa mère a toujours évité d'en parler comme si le silence pouvait tout étouffer tout effacer entre ses bras. Sa mère a juste lâché qu'elle avait rencontré Georges à Narbonne, puis décidé de s'installer tout de suite après avec lui à Perpignan pour fonder une famille. Prolonger une famille aurait été plus juste, mais sa mère se fichait pas mal des nuances de la langue française. Et tant pis pour le désordre. Tant pis pour Betty qui ne savait jamais quoi écrire à chaque rentrée scolaire dans l'espace laissé vide pour l'identité du père. Betty a grandi dans ce vide-là. Jusqu'à ce qu'elle apprenne que son géniteur était un homme marié. Elle avait une quinzaine d'années. Comment ce détail est arrivé jusqu'à elle, elle l'ignore encore aujourd'hui. Peut-être est-ce sa cousine qui le lui a dit. Ou peut-être une amie de sa mère qui l'a émis à demi-mot. Betty a toujours été très forte pour coudre les demi-mots entre eux. Même ceux qu'elle n'entendait pas à la maison. Elle s'est réveillée un matin avec cette vérité-là dans la tête. Son père était un homme marié. Et ça a tout changé.

Parce qu'elle ne pouvait plus se raconter qu'elle était la fille d'un espion ou d'un aventurier. Elle ne pouvait plus prétendre au secret d'État, justifier l'absence malgré l'amour. Elle ne pouvait plus sauver les apparences en faisant une pirouette, son intéressante dans la cour de récréation. Elle était juste un accident. Une mauvaise graine. Elle était juste une fille pas désirée que son père n'avait souhaité ni connaître ni reconnaître. Quelques mois plus tard, elle avait quand même cherché à obtenir des informations de la bouche de sa mère, une photo, une adresse peut-être, l'espoir est têtu, mais celle-ci avait balayé sa requête comme si elle chassait une mouche. À quoi ça servirait ? Le passé n'est qu'une machine à faire mal. Ses yeux s'étaient embués et Betty n'avait plus jamais posé la question. Au diable le passé, s'il faisait pleurer sa mère.

Derrière le pare-brise, le paysage a changé. Les immeubles se sont recroquevillés comme des enfants et une forêt d'arbres rouges a remplacé le béton. La circulation s'est éclaircie. Betty s'oblige à ne penser à rien pour ne pas risquer de rebrousser chemin. Elle pivote vers sa mère. Est-ce que tu as faim ? Soif ?

Repliée dans son monde comme dans un rêve, sa mère secoue la tête de gauche à droite, puis attrape les paumes de sa fille pour les porter à ses lèvres. Qu'est-ce que vous êtes gentille avec moi !

Où est-ce que vous m'emmenez ? On se connaît ? La vieille femme lui sourit et dépose une rafale de baisers bruyants sur sa peau. Surprise, Betty lui tient un instant la main, lien de chair, avant de reprendre le volant. Tout va bien, maman. Je suis Betty. Tu te souviens ? Je suis ta fille aînée. Sa mère la scrute d'un œil flou, le menton chapeauté d'une grimace hésitante, et Betty a un moment de doute. Et si elle faisait une connerie ?

Près du levier de vitesse, son téléphone se met à gémir. Betty n'a pas besoin de regarder pour savoir que c'est Clara. Mais elle l'ignore et se penche vers sa mère. Je t'emmène dans un endroit que tu aimes. Ses paroles semblent apaiser l'octogénaire dont le regard est attiré par une vache et Betty allume la radio pour couvrir la sonnerie qui retentit à nouveau. Elle tourne le bouton jusqu'à tomber sur un tube des années soixante. Dalida. Sa mère adorait la chanteuse égyptienne. Elle était capable de l'imiter avec passion, louchant en plongeant langoureusement ses doigts dans ses cheveux quand elle en avait encore. Betty l'observe en coin pour voir si la voix nasillarde réveille sa mémoire, mais elle ne réagit pas. Aznavour. Sheila. Gainsbourg. À chaque chanson, Betty se prend à imaginer que sa mère va retrouver le chemin de sa mémoire, désensabler ses souvenirs. Mais rien ne se produit. Elle éteint la radio.

Sur l'autoroute, les voitures s'agglutinent blanches rouges noires et Betty suppose qu'elles arrivent. Elle ralentit et se déplace sur la voie de droite pour ne pas rater la sortie. La chaussée dessine deux petites courbes, puis s'arrondit en un arc de cercle. Un instant plus tard, la mer surgit, immense, à l'horizon. Excitée, elle se tourne aussitôt vers sa mère, mais celle-ci s'est assoupie. La tête inclinée vers une épaule, la bouche entrouverte et frémissante, elle ronfle doucement. Betty sourit, tandis que le téléphone se remet à sonner. Elle ouvre la fenêtre et jette l'appareil.

3.

La plage est longue et déserte, cernée par le club de voile sur la droite et le port de pêche sur la gauche. Betty s'est garée le long de la promenade, a coupé le moteur, et observe le ciel qui se reflète à l'envers sur la masse d'eau lisse devant elle. C'est là que sa mère l'emmenait quand elle était bébé. Dans ce coin de mer et de sable légèrement caillouteux, veillé par la chaise rouillée du maître-nageur, juste à côté des boutiques de maillots de bain et des balancelles. Il y a une photo qui a été prise ici dans l'album de famille. C'est la seule qu'elle ait d'elle à cet âge. Elle doit avoir un an. Elle porte une couche, un bob rose sur la tête, et est assise sur les genoux de sa mère, en maillot noir à pois blancs noué derrière le cou, qui sourit à l'objectif. On voit les structures métalliques et l'alignement des vitrines derrière le parasol. Depuis le temps, ces dernières ont été remplacées par des immeubles, mais elle reconnaît les balancelles.

Elle se penche vers sa mère et pose une main sur son bras. Celle-ci se réveille en sursaut. On est où ? Vous êtes qui ? Ses pupilles engourdies tournent à vide, tandis que Betty lui presse le coude. Tout va bien, on est à Narbonne. Sa mère la fixe comme si elle ne la voyait pas, les joues pâles, les sourcils circonflexes, et Betty répète. Tu y vivais quand je suis née. Tu m'emmenais jouer là. On a été prises en photo, tu te souviens ? Sa mère regarde à droite, à gauche, gonfle les lèvres, puis hausse les épaules. Non. Quand est-ce qu'on mange ? Betty sourit. Bientôt, maman. Bientôt.

Betty fait le tour de la voiture pour l'aider à sortir, une jambe après l'autre, attention à la tête, et l'entraîne vers la plage. Arrivée à quelques mètres de la mer, elle lui propose de tremper ses pieds dans l'eau. Elle s'agenouille pour lui enlever ses mocassins, roule ses bas pour libérer ses chevilles gonflées par le voyage, puis retire à son tour ses bottines en daim et ses chaussettes. Sa mère agite ses orteils comme de petites araignées dans le sable. Des grains semblent la chatouiller et elle se met à pousser des cris joyeux qui se confondent avec ceux des mouettes. Betty s'assoit. Ça fait tellement longtemps qu'elle ne s'est pas retrouvée seule avec sa mère.

La dernière fois, c'était quand elle avait avorté. Elle avait quarante-cinq ans et elle croyait encore à l'amour. Elle croyait encore qu'elle serait comme les autres femmes. Qu'elle aimerait, serait aimée, se marierait. Ce jour-là, Betty sortait de l'hôpital et sa mère était venue la chercher en voiture après le curetage. Furieuse. Elle voulait savoir qui était le type qui l'avait mise dans cet état. Elle traitait sa fille d'imbécile, d'irresponsable. Pourquoi ne s'était-elle pas protégée ? Betty avait compris que ça la renvoyait à son passé, à leur passé à toutes les deux, mais qu'est-ce qu'elle y pouvait ? Elle aussi était tombée sur un homme marié. Elle aussi avait été quittée, pas de chance. Comme du papier-calque, les années suivantes n'avaient fait que reproduire le schéma. Elle aimait. Elle n'était pas aimée. Avec le temps, Betty s'était habituée à cette idée et elle ne lui faisait presque plus mal. Elle n'était pas aimable, c'était comme ça. Du moins par un homme. Comme elle n'était pas spécialement attirée par les femmes, elle s'était résolue à vivre seule. Dernièrement, elle avait pris un chat et c'est comme si le monde s'était déplié en une guirlande de couleurs. Coca se lovait contre sa peau. Coca ronronnait sur ses genoux. Coca s'endormait dans son lit. Qu'est-ce que c'était bon de sentir cette chaleur-là, ce corps qui respirait près d'elle et désirait sa présence.

Sa mère s'est approchée du bord de l'eau et est en train de patauger dans l'écume. Une vaguelette l'éclabousse en se brisant à ses pieds et elle recule en pouffant. Puis elle se baisse pour ramasser un coquillage, trésor de nacre, qu'elle enfouit dans la poche de sa robe. Sur sa droite, Betty aperçoit la base de loisirs et des bâtiments aux murs de briques noircies par le temps et la pollution. Elle scrute les fenêtres, le reflet irisé des vitres. Elle sait qu'elles habitaient dans le coin quand elles vivaient toutes les deux. Georges a un jour raconté que l'appartement de sa mère était à deux pas du centre de voile. Dans une rue qui brillait. Betty s'était demandé ce qu'il voulait dire, puis avait oublié. Jusqu'à aujourd'hui. Elle se redresse et, après avoir aidé sa mère à rechausser ses mocassins, l'invite à aller marcher.

L'avenue du Soleil coupe le front de mer presque à son extrémité et Betty s'interroge. Et si c'était là ? Elle conduit sa mère vers l'un des immeubles qui lui semble plus vieux que les autres. La façade n'est pas en bon état et la rangée de boîtes aux lettres paraît dater du siècle dernier. Tandis que sa mère s'extasie devant un emballage de gâteaux tombé au sol, Betty scrute les étiquettes comme si elle allait y trouver un indice, une porte, un tunnel qui les emmènerait dans le passé. Elle énonce les noms les uns après les autres en guettant leur écho sur le visage de sa mère. Lefèvre. Martinez. Garcia. Mais celle-ci ne l'écoute pas, fascinée par le papier métallisé qui scintille à ses pieds. Betty l'oblige à se

rapprocher. Ces escaliers te disent quelque chose ?
Betty la presse. Tu as pris cet ascenseur ? Sa mère
avance de quelques pas, puis fronce les sourcils.
On est où ? Betty s'efforce de la rassurer, mais sa
mère s'agite soudain. Non ! Je ne veux pas aller là !
J'ai faim. Betty soupire et l'emmène vers l'un des
rares restaurants encore ouverts sur la promenade
à cette époque de l'année.

La salle n'est pas très grande, placardée de
photos d'anciens aux gueules chiffonnées qui se
serrent les coudes pour rentrer dans le cadre, et
Betty ne peut s'empêcher de chercher le sourire
de sa mère. Tandis qu'un serveur les invite à s'installer où elles le désirent, le monde est à elles,
Betty pousse l'octogénaire vers le pêle-mêle jauni.
Mais celle-ci l'ignore, nerveuse, sans doute affa-
mée, et Betty se moque de sa naïveté. Qu'est-ce
qu'elle s'imaginait ?

Elle guide sa mère jusqu'à une table nappée
de papier bleu près de la vitrine. La vieille
femme se rue aussitôt sur la corbeille de pain,
tandis que le serveur apporte les menus en clai-
ronnant le plat du jour. Moules-frites ! Betty
devine que sa mère va avoir du mal à mâcher les
mollusques sans dentier, même si elle adorait ça
dans le temps. Elle répétait qu'elle pourrait en
manger sur la tête d'un pouilleux. L'expression
ne faisait pas rêver Betty, mais elle s'en amusait.
Ça voulait dire que sa mère était de bonne

humeur, le désir garde vivant, et ça valait toutes les belles phrases.

Le serveur patiente, pointant quelques lignes au hasard sur la carte, et Betty sonde sa mère. Une soupe de poissons ? Un steak haché avec de la purée et une glace en dessert ? Elle voudrait tant lui faire plaisir. Mais sa mère a le visage fermé. Le regard cerné d'ombres qui dansent sous ses yeux éteints, elle aligne les miettes de pain comme une colonie de fourmis près de sa fourchette, et Betty se promet de reprendre la route après le repas. Cette virée était une folie. Elle commande deux plats du jour, avant de se lever pour aller se laver les mains.

Betty a les doigts mouillés quand elle remonte les escaliers en pierre. Elle les essuie sur son jean en souriant poliment au serveur qui est en train de ranger des assiettes, puis se dirige vers leur table. Mais elle marque un temps d'arrêt. Tourne la tête à droite. Tourne la tête à gauche. Pivote sur elle-même. Et se met à crier. Près de la vitre, la chaise en bois est vide. La nappe en papier bleu est froissée, chargée de mie de pain roulée écrasée, mais sa mère n'est plus là.

4.

Au bout du fil, la voix est aiguë mais posée. L'employée de la gendarmerie demande à Betty de répéter. Puis de ne pas s'inquiéter. Si elle n'a pas vu sa mère sur la promenade, c'est que celle-ci a dû s'enfoncer dans les ruelles. Elle lui envoie une brigade. Accoudée au comptoir en cuivre, Betty essaie de ne pas hurler, de ne pas s'évanouir, de ne pas se taper la tête contre les murs. Elle répond juste d'accord et raccroche. Avant de se recroqueviller sur son tabouret. Près d'elle, le serveur est aussi inquiet que si c'était sa propre mère.

Le bruit d'un moteur avale bientôt le silence et Betty se rue dehors. Elle interpelle le conducteur qui a à peine le temps de se garer le long du trottoir. L'homme n'est pas tout jeune et ça la rassure bêtement. Il doit avoir de l'expérience.

Tandis que ses deux équipiers interrogent le serveur, il s'entretient avec elle, mais elle n'arrive pas à ordonner ses pensées. Elle étouffe. Sa peur empoisse ses mots, flux acide dans sa bouche déjà sèche, et elle est obligée de répéter. Oui, sa mère a la maladie d'Alzheimer. Oui, son mari est à l'hôpital à Perpignan, même si Betty ne croit pas qu'elle s'en souvienne. Non, il ne s'est rien passé de spécial. Le gradé la rassure, ça arrive souvent avec les personnes âgées, puis lui propose de l'appeler sur son portable dès qu'ils l'auront retrouvée. Elle rougit, s'emmêle, elle n'a plus de téléphone, puis se tourne vers le serveur pour s'enquérir du numéro du restaurant. Le gendarme le note sur un carnet en lui conseillant de ne pas bouger. Mais aussitôt qu'il a tourné les talons, elle ne peut s'empêcher de courir vers le bord de l'eau. Il y a encore la trace des pas mouillés de sa mère dans le sable, sa présence, leurs rires. Où a-t-elle bien pu aller ?

Elle scrute les extrémités de la plage, puis revient sur la promenade, et hèle une grand-mère, un père de famille, une jeune femme avec des écouteurs. En vain. À croire que sa mère s'est volatilisée. Betty finit par revenir s'asseoir au comptoir sous le regard toujours désolé du serveur qui l'encourage à joindre quelqu'un de sa famille. Betty hésite à prévenir Clara. Mais à quoi ça servirait ?

Sa demi-sœur ne l'a jamais considérée. Sans que Betty sache pourquoi. Clara l'ignorait. Clara réussissait. Clara était aimée. Dès l'école primaire, elle était toujours entourée de garçons, ronde de bras ouverts, quand Betty semblait rester invisible de tous. Plus tard, Clara a collectionné les hommes comme autant de marques de confiance que l'univers lui adressait, la preuve qu'elle était belle et séduisante, et comment pourrait-il en être autrement ? Sa demi-sœur avait la certitude des gens aimés dès leur naissance, la confiance de ceux qui ont grandi entourés d'une famille les adorant sans condition, une sorte d'aura que Betty n'a jamais connue. Elle, elle s'est toujours sentie laide. Et indésirable. Et bête. Comme si c'était inscrit dans ses gènes depuis le premier jour, incapable de susciter l'amour d'un homme. Mais elle n'a jamais été cruelle.

Elle saisit le téléphone et tape lentement les chiffres qui la relient à sa demi-sœur. Prête à assumer ses responsabilités, elle prend une large inspiration, mais Clara lui coupe la parole dès qu'elle la reconnaît. Où sont-elles ? Curieusement, Clara ne l'engueule pas et Betty murmure qu'elle voulait emmener leur mère voir la mer. La fin de sa phrase se noie dans sa gorge, salive de mots incongrus, et elle s'apprête à tout lui raconter, mais sa demi-sœur l'interrompt à nouveau. Georges est mort. Betty reste sans voix.

Sans attendre sa réaction, Clara lui ordonne de rentrer et raccroche.

Betty s'apprête à la rappeler pour lui avouer la situation, mais le téléphone se met à vibrer entre ses mains. C'est le gendarme. Sa mère était prostrée devant un immeuble, pas très loin du club de voile. Le cœur de Betty s'accélère. Où ça ? Rue des Étoiles. Elle était en larmes et tenait des propos douloureux, ils ont été obligés d'appeler le Samu. Ils vont l'emmener à l'hôpital de Narbonne pour vérifier qu'elle va bien.

Dans le camion blanc bardé de rouge, Betty ne parle plus. Elle a roulé comme un robot jusqu'à l'extrémité de la plage, abandonné sa voiture sur place, et s'est engouffrée au chevet de sa mère endormie, avant de répondre aux questions du médecin. Que faisait celle-ci rue des Étoiles ? Betty ne sait pas. Elle lui confie juste que sa mère vivait dans le quartier et qu'elle-même y est née il y a soixante ans. Puis elle se tait, perdue dans le labyrinthe de ses questions. Est-ce l'immeuble de la rue qui brille dont parlait Georges ? Est-ce que sa mère est retournée où elle habitait quand Betty était bébé ? Ça voudrait dire que des bribes de son passé sont remontées à la surface de sa mémoire, petits poissons rouges, et qu'elles n'ont pas encore été englouties sous des kilos de sable. Est-ce qu'elle s'est rappelé sa fille aînée ? Puis elle pense à nouveau à la mort de son beau-père. Comment sa mère va-t-elle le vivre ?

Coincée sur la banquette arrière, Betty est en train de caresser la main inerte en écoutant le médecin lui expliquer la maladie d'Alzheimer, lorsque l'octogénaire ouvre les yeux. Étourdie, elle bat plusieurs fois des paupières, fronce le nez, puis s'agite sous la sangle en nylon qui maintient son corps sur la civière. Où est-ce que je suis ? Betty se jette à son cou. Tout va bien, maman. Je suis là. Je suis ta fille, tu te souviens ? Sa mère l'observe d'un regard brumeux, tandis que Betty poursuit prudemment. On est à Narbonne. Sa mère se met aussitôt à crier en tremblant. Betty ! Vite, ma chérie ! Elle se débat et hurle son prénom, tandis que l'infirmière se précipite vers elle pour la calmer. Betty est tétanisée. De bonheur ou de peur, elle ne sait pas. Sa mère a prononcé son prénom. Sa mère se souvient d'elle et l'a appelée « ma chérie ». Mais elle avait l'air paniquée.

Les jambes flageolantes, béquilles sans consistance, Betty se rassoit sur la banquette, tandis que la vieille femme s'apaise. Elle échange un regard interrogatif avec le médecin qui se faufile à ses côtés. Celui-ci hésite, puis lui raconte à voix basse qu'il y a eu un incendie terrible dans l'immeuble devant lequel était sa mère. Il n'était pas né, mais on en a beaucoup parlé dans la région. Betty s'immobilise. Un homme est mort. Betty retient sa respiration. Son épouse était toute jeune et venait d'accoucher. Mais après le drame, les voisins ont cru qu'elle était devenue folle. Elle se baladait seule la nuit en serrant son bébé contre sa poitrine. Et puis un jour, quelques mois après l'incendie, peut-être un an, ils ne l'ont plus revue. Betty pâlit. C'était quand ? Le soignant la dévisage longuement avant de répondre. Il y a soixante ans.

ARIEL ET GABIN
LE FILS PRÉFÉRÉ

Agathe Ruga

17 Heures, l'Heure du crime

Gabin déteste cet horaire, et la chaleur n'aide pas. Il a remarqué à quel point les tensions sont exacerbées en fin de journée, notamment chez les gens qu'il reçoit au magasin, bien plus tatillons qu'à l'accoutumée – ils négocient un euro pour un bouton ou un fil qui dépasse, lancent des remarques désobligeantes dans la file d'attente de la caisse. Ils semblent pressés alors qu'ils sortent du travail. Dans la rue, les mères hurlent sur leurs enfants qui eux-mêmes braillent sans raison, pour un goûter frugal, un lacet défait. L'électricité est palpable dans cet air saturé de bruits de klaxon et de coups de frein des voitures. Des ados se poussent sur le trottoir. Gabin ne comprend pas pourquoi l'humanité tout entière ne se met pas en pause à 17 heures, cela éviterait peut-être des milliers d'accidents, de ruptures et de licencie-ments. Puis il pense aux couples clandestins, s'accommodant de ce créneau imparfait. Il aurait dû choisir l'hôtellerie. Pour supporter le cinq à sept, il faut boire ou faire l'amour.

En réalité, Gabin se sent particulièrement fébrile aujourd'hui, depuis l'heure du déjeuner où il a surpris son frère Ariel dans cette brasserie avec leurs parents. Aucun des trois ne lui en avait parlé. Aucun des trois n'avait pensé à l'inviter. Il a passé son chemin et il a déjeuné ailleurs. Il ne cesse d'y repenser. À maintes reprises il a tenté d'appeler Judith, sa compagne, pour se décharger un peu, mais elle n'a pas répondu, alors pour se distraire il range les articles du magasin avec frénésie, mais sans efficacité. Une angoisse indomptable monte dans sa gorge, angoisse qui petit à petit se mue en colère. La nuit n'est pas encore tombée, sa tourmente est à son paroxysme. Il a lu quelque part que l'on appelle cela la morsure du crépuscule, mais c'est une formule bien trop mélancolique pour Gabin. Lui a plutôt l'impression de se transformer en loup, prêt à mordre. Toutes les blessures et les humiliations de son enfance refont surface, une par une. Il repense au voyage prévu à New York, le sentiment d'injustice qu'il a ressenti ce jour-là n'est jamais parti. Ce souvenir lui est intolérable.

Il essaie de le chasser, mais d'autres surgissent et s'empilent sur l'épisode douloureux du déjeuner. Le chagrin l'étreint, Gabin ne se contient plus, sa raison le quitte. Il n'entend pas son téléphone sonner, c'est sa femme, Judith, elle laisse un message vocal : elle est désolée, elle n'a pas eu le temps de répondre à son SMS de 14 heures qu'elle trouve étrange, qu'il la rappelle, ils pourraient aller dîner en ville ce soir, la nounou s'occupera des enfants. Non, Gabin ne rappelle personne, Gabin oublie sa femme et ses filles. Dépossédé de lui-même, il sort dans la rue, en direction de l'entreprise d'Ariel, située à une centaine de mètres de son magasin, les poings serrés au fond de ses poches, bien décidé à le tuer.

New York

Jean-Paul, leur père, avait formulé une promesse : dès qu'Ariel et Gabin intégreraient une école de commerce après leur prépa, il les emmènerait à New York. Ariel s'en fichait pas mal, cette idée de voyage ne l'enthousiasmait pas plus que ça. Lui, ce qu'il voulait, c'était fêter la fin de l'année comme il l'avait commencée, avec ses amis et les jolies plantes qu'il avait repérées lors de la soirée d'intégration. Gabin, quant à lui, se réjouissait de découvrir cette ville immense, qu'il imaginait lumineuse et effervescente. Il se voyait déjà y créer son réseau et y travailler, arpenter les avenues, un attaché-case à la main. Mais pour l'heure, il gardait ses rêveries pour lui, car avant cette récompense, il devrait travailler dur.

Ils avaient alors 19 et 18 ans. Ariel avait redoublé une classe, son cursus avait été compliqué. « Il est surdoué. Il est précoce. Il est particulier. Il est unique », expliquaient calmement ses parents à l'entourage et aux professionnels circonspects face à l'attitude déplorable d'Ariel.

Gabin, quant à lui, n'avait jamais fait de vagues ni de crise d'adolescence, on le considérait donc comme un garçon facile et discret, et ses parents avaient pris l'habitude de ne pas se préoccuper de lui outre mesure. Sa grand-mère murmurait qu'il était « dans son monde ». Son grand-père marmonnait qu'il manquait de virilité et selon lui, Ariel avait hérité de toutes les caractéristiques des hommes de la famille tandis que Gabin était plutôt le portrait craché de sa mère, douceur et patience. Les parents acquiesçaient. On parlait de lui à la troisième personne. Gabin aurait été transparent, ou un animal de compagnie, un chat roux, ronronnant et parfois absent, que la conversation eût été la même.

Lors de leur installation en classe prépa à Paris, Ariel avait manifesté son mécontentement de dormir à l'internat, il ne pourrait pas se concentrer avec un tel raffut et si peu d'espace. Et la douche et les WC sur le palier, c'était impensable ! Jamais il ne réussirait ses études dans de telles conditions ! Cécile en avait parlé à Jean-Paul, Ariel avait obtenu un studio meublé hors de prix à cent mètres de la prépa. Personne n'avait proposé à Gabin de faire colocation avec son aîné, Ariel avait besoin de plus de solitude et de calme que lui.

Gabin, de son côté, avait travaillé toute l'année avec rigueur dans seulement cinq mètres carrés. L'école qu'il visait était la plus réputée et la moins onéreuse pour ses parents, autrement dit, la plus plébiscitée.

À la fin de l'année, Gabin avait obtenu son diplôme. L'école qu'il convoitait lui tendait les bras. Pour Ariel, c'était plus compliqué, la seule école qui voulait bien l'intégrer coûtait trois ans de salaire à ses parents. Tout le monde cherchait une solution et des finances, les grands-parents avaient pris sur leur épargne retraite. Bien sûr, Jean-Paul avait annulé le voyage à New York.

Mais ce n'était pas ce qui avait fait le plus de peine à Gabin. Il lui avait manqué juste un geste : que son père pose la main sur son épaule pour le féliciter de son année.

17 h 30

Gabin arpente la rue à enjambées rapides, il est fin et nerveux, ses fins cheveux blonds volent dans l'air. Il serre un briquet au fond de sa poche. Il fait rouler la pierre et des étincelles lui brûlent la pulpe des doigts. Il ne pense qu'à Ariel, à son air arrogant qu'il déteste, ce petit air du tout lui est dû. Il ressasse tout ce qu'il aurait voulu lui dire depuis toujours.

Bien sûr qu'il l'aime, son frère, son modèle, son presque jumeau. Il a grandi avec lui, ils se sont disputé leurs jeux, ont ri tard dans la nuit depuis leurs lits superposés. Adolescents, ils sont sortis la nuit en cachette fumer du shit dans le quartier. Un soir, ils ont même volé un scooter, ont roulé comme des dératés avant de le cacher au coin d'une rue. Ils ont passé des dimanches affalés sur le canapé familial, à regarder des séries et des matchs de tennis. Jamais Ariel ne l'a traité comme un être inférieur. Ce sont les autres membres de la famille qui l'ont toujours considéré ainsi.

Peut-être que ce n'est pas si facile, a déjà pensé Gabin autrefois, d'être le fils préféré, l'homme le plus charismatique de la famille et de tenir ce rôle. Ariel rayonne quand il entre quelque part, il inocule la bonne parole aux repas de famille, les neveux et nièces l'adorent et il sait se faire respecter. L'étudiant difficile a cédé la place à un chef d'entreprise ambitieux et conquérant. Ariel est le genre d'homme qui ne s'excuse jamais, qui ne cherche pas à faire plaisir aux autres, encore moins à ses parents. Il se démarque du schéma familial et de la structure dans laquelle il a été bercé.

Ariel et Gabin n'ont jamais parlé de leur différence de traitement. Dans la famille, tout le monde le sait et tout le monde se tait. Leurs épouses haussent les épaules. Lucie, la femme d'Ariel, est gênée du favoritisme. Quant à Judith, elle est fatiguée de porter la détresse de Gabin.

Aujourd'hui, Gabin ne veut plus être la victime. Il hait son frère, tout simplement, et il va agir en conséquence. Il sent une violence inouïe monter en lui. Oui, il le hait de l'avoir écrasé sans le vouloir, il le hait d'avoir fait de lui le petit frère, le comparé, l'ombre de son ombre. Par-dessus tout, Gabin se déteste lui-même de n'avoir jamais réussi à inverser les rôles et susciter l'admiration de son père. Lui qui a toujours été dans les clous n'a jamais été reconnu à sa juste valeur. Rien n'y fait, Ariel aura toujours l'avantage, même s'il ne fait aucun effort, même s'il ne prend jamais de nouvelles de ses parents et n'organise aucun repas familial. De temps en temps, son épouse Lucie s'en charge, peu convaincue, lançant des invitations au dernier moment, et c'est toujours Gabin et Judith qui apportent le plat principal, la boisson et le dessert, Gabin veut que tout soit parfait, il a bien trop peur que son père passe un mauvais moment avec eux, ou s'en aille.

Nous irons au bois

Judith est enceinte de quatre mois, elle attend son premier enfant, une petite fille. Cécile lui a proposé une balade digestive dans les bois, laissant les hommes à la maison. Judith pose des centaines de questions à sa belle-mère, sur l'accouchement, les premiers mois, l'allaitement. Elle s'entend très bien avec elle et Cécile est généreuse en anecdotes. Judith lui demande si la naissance d'Ariel n'a pas trop bousculé leur existence paisible ; sans le verbaliser, Judith craint pour l'harmonie de son couple.

— Oh non ! s'écrie Cécile. C'était la période la plus heureuse de notre existence. Je nous revois, Ariel, Jean-Paul et moi. Qu'est-ce qu'on était heureux tous les trois ! Ce sont mes plus beaux souvenirs. Jean-Paul était épanoui et j'étais une femme comblée. Oui vraiment, qu'est-ce qu'on était heureux tous les trois !

Il semble à Judith que Cécile répète la phrase cent fois, pour qu'elle rebondisse en écho dans son crâne. Cette réponse la met mal à l'aise. Ce souvenir du bonheur n'englobe pas Gabin. Cécile a mis tant d'emphase dans sa voix, cela ne lui ressemble pas. Judith ne pose pas d'autre question.

Cinq mois plus tard, Judith donne naissance à une magnifique petite fille qu'ils prénomment Marie. Ils se promènent tous les trois dans ce même bois. Gabin porte Marie en écharpe contre son ventre. Judith, libérée du poids de la maternité, trottine comme une enfant, ramasse des pommes de pin, court vers son mari et sa fille, les couvre de baisers. Comme c'est beau et simple le bonheur ! Qu'ils sont bien, là, tous les trois, seuls au monde ! Comme c'est facile ! Alors, quand Gabin lui suggère avec malice un deuxième enfant, Judith lui offre un grand sourire en guise de réponse. Ils se hâtent de sortir du bois, un secret en eux a germé.

Le berceau lève le voile

Judith rentre de la maternité pour la deuxième fois. Élise dort dans son transat, Marie est à la crèche. Judith y tient, elle a tout prévu : elle a demandé à Gabin de poser sa journée au magasin pour profiter du retour à la maison et passer un peu de temps tous les trois, avec le nouveau bébé. C'est un moment nécessaire pour créer le lien. Élise est rose et bien portante, elle boit à heures régulières et fait déjà des courtes nuits. Elle pleure peu et laisse ses parents profiter de leur déjeuner.

Soudain, au moment du café, Gabin reçoit un message. Ses yeux se plissent. C'est une amie avec qui il a fait ses études et dont il n'a pas eu de nouvelles depuis longtemps. Il pense qu'elle a appris pour la naissance et qu'elle souhaite le féliciter, mais il n'en est rien. Elle lui envoie une photo d'une soirée ancienne, ils posent tous les deux avec un ami. Elle est tombée sur cette photo par hasard et elle a pensé à lui, c'était la belle époque.

Dans son couffin, Élise se tortille légèrement, elle tourne sa petite tête et ouvre ses yeux ardoise vers son père qui ne la voit pas, son père qui regarde un point imaginaire, le pays lointain d'une période de sa vie qu'il a soigneusement rangée. Il revoit alors le jeune homme qu'il était, poli et timide. Il logeait dans la fameuse chambre de cinq mètres carrés, quand son frère vivait dans le luxe du studio. Mais il avait des amis et il était libre, dans cette chambre il n'était plus le petit frère d'Ariel. Cette photo lui rappelle à la fois la joie de l'émancipation et la douleur de l'injustice, alors il se pétrifie ainsi pendant plusieurs minutes, perturbé, absent.

Judith regarde Élise qui regarde Gabin, en vain, et elle comprend que la fracture a lieu à cet instant, que le chemin du regard aura toujours lieu dans ce sens, de l'enfant vers son père, et qu'il pataugera éternellement vers le passé et ses douleurs.

Gabin ne décroche pas un mot de l'après-midi. Vers 17 heures, il va chercher Marie à la crèche. C'est le seul mot qu'il prononce, Marie.

Judith, impuissante, serre Élise très fort contre son sein, pour compenser. Elle maudit ce foutu téléphone et cette vieille copine qui lui a gâché cette journée qu'elle attendait depuis neuf longs mois. Tout de même, elle aurait aimé que Gabin s'attarde un peu plus sur ce nouveau petit être, la petite sœur de sa Marie adorée. En elle, quelque chose se brise. Mais quelque chose de plus fort encore commence à germer.

18 Heures : Permis de tuer

Gabin erre depuis une heure dans la rue, à quelques pas seulement de l'entreprise d'Ariel, et il ne se pose qu'une question : Comment va-t-il tuer son frère ? À mains nues ? Avec un objet lourd ? Par strangulation, étouffement ?

Il ne sait pas encore comment s'y prendre, la folie domine sa raison, mais il est persuadé d'une chose : la mort d'Ariel le libérera de ce poison dont il souffre depuis l'enfance. Il n'a plus le choix, il ne reculera pas. Il fera bientôt nuit noire, il attend son frère dehors.

Soudain, quelqu'un l'appelle dans la rue, une femme hèle son prénom. Il se retourne, c'est Lucie, la femme d'Ariel, qui sort de l'entreprise familiale. L'entreprise soutenue par papa, dont

Gabin n'a aucune part. Ça aussi, c'était un coup dur.

— Tu as l'air bizarre, Gabin. Tu cherches quelqu'un ?

Gabin cherche plutôt une excuse, n'importe laquelle, mais il n'en trouve aucune.

— J'attends qu'Ariel sorte, je n'en peux plus. Je veux le tuer ce soir, lâche-t-il d'une voix blanche.

Sa belle-sœur marque une courte pause. Elle pourrait rire un peu jaune, ou prendre ses jambes à son cou, mais elle soupire.

— Je sais.

Elle soupire encore.

— De toute façon, je ne t'en empêcherai pas. On ne peut pas lutter contre le destin. C'est terrible, ce que tu endures depuis toujours, Gabin, je te comprends. Cependant, demande-toi si cela réglera ton problème. On peut aussi préférer les morts. Rappelle-toi ce qui est arrivé à Marc, le grand frère de ton père.

Et Lucie le laisse ainsi, sur le trottoir, à décider de la façon dont son beau-frère va s'y prendre pour tuer son mari bien-aimé.

Il interprète cette conversation comme une autorisation.

La carte-mère

Jean-Paul vient d'une fratrie de cinq enfants, trois filles et deux garçons. Jean-Paul est le petit dernier, et son grand frère Marc l'aîné, donc le préféré de son père. Marc a une chambre pour lui à l'étage de la maison, à côté de la chambre parentale, quand les quatre autres partagent la même. Jean-Paul grandit donc auprès de trois filles, et personne ne semble s'en offusquer. Son père mise tout sur Marc, et comme les grands destins arrivent à ceux à qui on en fait la prophétie, quelques années plus tard Marc intègre l'ENA et devient ministre.

Jean-Paul de son côté monte une première affaire, qui ne fonctionne pas très bien, puis une deuxième, qui cartonne. Il dirige à présent une centaine de salariés, il s'agrandit, il ouvre deux succursales. Son père ne lui pose aucune question, ne lui rend jamais visite.

Un jour, Marc décède précocement d'un AVC. Le père s'effondre. Forcément, dira-t-il, avec le rythme de fou qu'il avait au ministère. Le père s'enlise dans son chagrin. Un jour, Jean-Paul lui proposera de venir boire un café dans son entreprise. Le père passera une heure entière à lui parler de Marc. Le soir venu, Jean-Paul pleurera longtemps sa déception dans les bras de Cécile. Non, son père ne sera jamais fier de lui.

Lucie a raison, la mort ne guérit rien.

De son union avec Cécile, Jean-Paul engendre donc un premier fils, Ariel. Et plus tard, lorsque celui-ci sort de son école de commerce hors de prix, il n'a pas à chercher bien loin, Jean-Paul lui a fait la surprise, son bureau est déjà prêt, ses cartes de visite l'attendent. Tout lui tombe tout cuit dans le bec. C'est ce qu'aurait aimé vivre Jean-Paul, mais ce n'est pas forcément ce qu'attendait Ariel.

Que Gabin achète un fonds de commerce et soit autonome, que Gabin ne demande jamais rien, tant mieux. Il n'a pas besoin de son aide, a priori. *Parfait !* pense Jean-Paul, il peut donc se concentrer sur Ariel, lui transmettre et déléguer ce qu'il ne sera bientôt plus capable de faire.

Comme son père ne l'a pas fait avec lui, Jean-Paul ne mettra jamais les pieds dans le magasin de Gabin, et Judith comme Cécile essaiera de l'en consoler sans y parvenir. Jean-Paul ne se rend pas compte de la peine qu'il fait à son fils, elle ne fait qu'affleurer sa conscience, il répète le schéma, c'est un réflexe de défense où sa souffrance occulte celle des autres. Tout cela a été gravé dans leur ADN à la conception, c'est la carte-mère de la famille.

Lucie a raison, on ne peut pas lutter contre.

12 Heures :
Déjeuner en paix

C'est à cause du regard du père, ce regard suppliant, traînant, mouillant, ce regard qu'il a aperçu à travers la vitre de la brasserie, ce regard destiné à l'autre, ce regard d'amour inconditionnel qui jamais ne s'est posé sur lui, c'est ce regard qui n'en finit plus de le hanter tandis qu'il rebrousse chemin, à la recherche d'un autre endroit pour déjeuner.

Ils sont là en famille, le noyau bien au frais et lui à quelques mètres, attablé seul à une terrasse en pleine canicule, lui que personne n'appelle, lui que personne ne rassure et dont on ne prend jamais de nouvelles, lui qui n'a jamais manifesté le moindre signe d'agacement, oui, Gabin se dit que c'est fini. Terminé. Cela n'arrivera plus.

Qu'ils déjeunent ensemble sans lui, ce n'est pas la première fois. Jean-Paul et Ariel travaillent ensemble depuis si longtemps à présent. Mais ils ont convié Cécile, la mère, et aucun des trois n'a songé un seul instant à lui ouvrir les portes de leur bonheur familial. Il n'en a jamais fait partie.

Alors Gabin appelle Judith, c'est toujours ce qu'il fait dans ces cas-là. Il appelle Judith car elle comprend, elle a l'habitude. Elle détourne la conversation et lui change les idées, lui parle des prochaines vacances, de leur prochaine pièce de théâtre, Judith sait fait diversion et l'apaiser, c'est ce dont Gabin a besoin. Mais aujourd'hui, Judith ne répond pas, il ne sait plus à quoi elle est occupée, il se rappelle vaguement qu'elle avait un rendez-vous important. De toute façon, tout est toujours plus important que lui, il accepte les affronts et les oublis, on est habitué à son implacable stoïcisme, à son endurance sans bornes. Judith s'attend à ce qu'il rentre ce soir, qu'il joue avec ses filles et qu'il oublie cet épisode. Il lui écrit un dernier SMS avant de retourner au magasin. « Tu m'aimes ? »

19 Heures : La mort du fils

Gabin n'en peut plus d'attendre. Ariel ne sortira pas. À coup sûr Lucie l'a prévenu, elle a bluffé pour ne pas l'énerver, pour qu'il reste là, docile, mais elle a vite appelé Ariel pour qu'il rentre à la maison en passant par l'issue de secours. Ou bien Ariel attend patiemment que son frère s'en aille pour quitter l'entreprise.

Gabin va lui dire, à Ariel, avant de le tuer, combien il l'aime et le hait à la fois. Il se met en marche, il va aller trouver son frère maintenant, et tant pis pour les témoins, tant pis pour leur père qui assistera à l'apocalypse, il l'a bien cherché et il ne pourra rien empêcher, ni la folie de son fils ni la douleur qui en découlera. De toute façon, Gabin ne gagnera jamais l'amour de son père, alors autant en finir une bonne fois pour toutes avec cette histoire de fils préféré. Il n'a plus de doute, depuis 17 heures l'air porte une odeur de délivrance, Gabin va enfin rompre le cercle infernal. Il ne veut plus voir l'amour briller dans les yeux de son père pour un autre fils que lui.

Il pénètre dans le hall, puis dans l'ascenseur, vide. Son cœur se calme lors de la montée des six étages, il se sent près du but. Dans le couloir de la direction, personne. Il passe à présent devant le bureau de son père, mais Jean-Paul est absent. Presque tous les salariés ont quitté les lieux. Gabin est soulagé de ne pas avoir de témoin, mais une nouvelle déception l'étreint, pour une fois qu'il s'apprête à bouleverser l'ordre du monde et aller à l'encontre de la bienséance, son père n'est même pas là pour le voir.

Sans prendre la peine de frapper à la porte, il entre dans le bureau d'Ariel. Son frère est debout près de la fenêtre ouverte, il fait une chaleur insoutenable car Ariel n'a jamais supporté la clim. Il lève les yeux et sourit calmement, comme s'il l'attendait.

Il y a ce laps de temps où aucun des deux n'émet un son, ou personne ne fait un geste, puis n'y tenant plus, Gabin se rue vers Ariel, les mains tendues en direction de son cou. À cet instant, Judith intervient. Judith prévenue par Lucie, Judith qui savait très bien que ce jour arriverait, Judith qui attendait tapie dans l'ombre du bureau, oui Judith s'élance et plaque ses deux mains sur le dos de son mari qu'elle aime tant. Elle le pousse en avant et Ariel fait seulement un pas de côté pour libérer le champ. Avec l'élan qu'il a pris et l'impulsion qu'il a reçue, Gabin bascule par-dessus le garde-corps et tombe du sixième étage de l'entreprise.

En même temps que le bruit sourd de son corps contre le bitume, on entend une plainte, celle de la malédiction familiale qui meurt avec lui. Judith a perdu un mari, mais elle a sauvé ses filles, Marie et Élise, et toute leur descendance.

Judith, Lucie et Ariel appelleront les secours et raconteront l'accident, la faute à ces grandes fenêtres que Jean-Paul n'a jamais pris la peine de mettre aux normes.

Judith consolera sa culpabilité en pensant aux années de souffrance et de jalousie que son mari a endurées, et priera pour qu'il lui pardonne. Ses filles grandiront heureuses, sans jalousie l'une envers l'autre, mais la plus petite, Élise, développera une certaine aversion pour l'heure du crépuscule.

Biographies et bibliographies des autrices

Éliette Abécassis

É liette Abécassis est une philosophe, romancière, parolière, scénariste et essayiste, née à Strasbourg. Son œuvre comporte des livres intimistes et contemporains, des grands romans historiques ainsi que des essais. Elle est engagée auprès d'associations de défense du droit des femmes et des enfants et contre les violences faites aux femmes.

Ses derniers ouvrages parus :

De l'âme sœur à Tinder, Larousse, 2022

La Transmission, Robert Laffont, 2022

3 minutes pour comprendre les 50 notions-clés du judaïsme, Le Courrier du livre, 2021

Instagrammable, Grasset, 2021

Nos rendez-vous, Grasset, 2020

Camille Anseaume

Camille Anseaume, rédactrice et journaliste, est notamment l'auteure de *Un tout petit rien* (Kero, 2014) et de *Ma Belle* (Calmann-Lévy, 2022). Retrouvez ses chroniques sur son compte Instagram @camilleanseaume.

SARAH BARUKH

Sarah Barukh s'inspire d'histoires vraies pour écrire des romans au fond historique et social. Son premier roman, *Elle voulait juste marcher tout droit* (Albin Michel, 2017), a connu un vif succès et a été cette année-là en lice pour le prix Maison de la Presse, le Zonta Club et a été lauréat du prix MJLF. Elle a également publié *Le Cas Zéro* (Albin Michel, 2018), lauréat du Prix du roman du travail décerné au Ministère du Travail, *Envole-moi* (Albin Michel, 2020), sélectionné pour le prix Françoise Sagan et *Puisque le soleil brille encore* (Calmann-Lévy, 2021) où elle explore le poids des secrets et les mystères de l'amour filial au cœur de la dictature argentine.

Jessica Cymerman

Jessica Cymerman est l'auteure d'une ving-
taine d'ouvrages humoristiques et d'un
roman, *Celui d'après* (Charleston, 2017).
Journaliste, elle tient le blog Serialmother, dans
lequel elle livre avec humour ses réflexions variées
de mère de famille (elle a 4 enfants). En 2021,
elle a lancé le podcast d'humeurs et d'interviews
Serialmother.

MÉLISSA DA COSTA

Née en 1990, Mélissa Da Costa est l'auteure de *Tout le bleu du ciel*, *Les Lendemains*, *Je revenais des autres* et *Les Douleurs Fantômes* (Albin Michel, 2022). Des romans portés par les libraires et salués par la presse qui ont conquis plus d'un million de lecteurs.

Olivia Elkaim

O livia Elkaim est l'auteure de six romans, dont *Le Tailleur de Relizane* (Stock, 2020), finaliste du prix Femina 2020 et lauréat du Prix du livre à Metz.

Sandrine Roudeix

Sandrine Roudeix est romancière, scénariste et photographe. De roman en roman, elle poursuit sa quête de l'intime et creuse de son écriture sensible et visuelle les questions d'identité, de transmission familiale et d'émancipation féminine.

Ses romans :

Attendre, Flammarion, 2010, J'ai Lu, 2012

Les Petites Mères, Flammarion, 2012 (Prix l'Autre Page)

Diane dans le miroir, Mercure de France, 2015

Ce qu'il faut d'air pour voler, Le Passage, 2021

Pas la guerre, Le Passage, 2022

AGATHE RUGA

Agathe Ruga est née à Nancy en 1986 et vit actuellement en Bourgogne où elle exerce son métier de chirurgien-dentiste. Elle est l'auteure de deux romans : *Sous le soleil de tes cheveux blonds* (Stock, 2019, Le Livre de poche, 2020) et *L'Homme que je ne devais pas aimer* (Flammarion, 2022) et fédère le Grand Prix des Blogueurs Littéraires. Très présente sur les réseaux sociaux, elle tient un blog dédié à la littérature contemporaine depuis 2015 sous le pseudo d'@agathe.the.book.

Cet ouvrage est composé de matériaux issus de forêts gérées durablement certifiées PEFC™.
Le Programme de reconnaissance des certifications forestières (PEFC™) est le plus grand organisme mondial indépendant de contrôle pour une gestion durable des forêts. Pour en savoir plus, consultez le site *www.pefc-france.org*

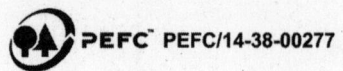 PEFC/14-38-00277

Achevé d'imprimer en mars 2022
par Novoprint
Dépôt légal : avril 2022
Imprimé en Slovaquie